Constant This

Die deutsch-franzoesische Sprachgrenze in Lothringen

Constant This

Die deutsch-franzoesische Sprachgrenze in Lothringen

ISBN/EAN: 9783744643948

Hergestellt in Europa, USA, Kanada, Australien, Japan

Cover: Foto ©ninafisch / pixelio.de

Weitere Bücher finden Sie auf **www.hansebooks.com**

DIE DEUTSCH-FRANZŒSISCHE SPRACHGRENZE IN LOTHRINGEN

nebst einer Karte

VON

CONSTANT THIS.

STRASSBURG
J. H. ED. HEITZ (HEITZ & MÜNDEL).
1887.

VORWORT.

Indem ich vorliegende Arbeit der Oeffentlichkeit übergebe, füge ich folgende Vorbemerkungen hinzu. Die Ergebnisse beruhen auf Beobachtungen und Erkundigungen, welche an Ort und Stelle gesammelt wurden, indem ich, von Ort zu Ort wandernd, alles, was mir für den verfolgten Zweck von Wichtigkeit schien, aufzeichnete. Zu dieser Arbeit bezw. Reise wurde ich durch Herrn Professor Dr. Grœber in Strassburg aufgemuntert, welcher glaubte, dass es von wissenschaftlichem Interesse sei, wenn die sprachlichen Verhältnisse auf dem Boden, wo deutsche und französische Rede sich berühren, durch unmittelbare Anschauung und durch vorurteilsfreie Beobachtung ermittelt würden. Möge dieser kleine Beitrag zur Kunde Lothringen's eine weitere Anregung zur Beschäftigung mit diesem Lande werden, welches, obgleich es für den Forscher in jeder Beziehung nicht weniger interessanten Stoff als das Elsass bietet, doch weit weniger bekannt ist als das letztere.

Zum Schlusse spreche ich meinem hochverehrten Lehrer, Herrn Professor Dr. Grœber, für die vielfachen geistigen Anregungen, welche er mir zu teil werden liess, meinen aufrichtigen Dank aus, ebenso wie allen denjenigen, welche durch ihre Zuvorkommenheit mich auf meiner Reise unterstützt haben.

Strassburg i. E., im November 1886.

Der Verfasser.

DIE DEUTSCH-FRANZOESISCHE SPRACHGRENZE

IN LOTHRINGEN.

Der vorliegende Versuch einer Darstellung der deutsch-französischen Sprachgrenze in Lothringen ist das Ergebnis einer zu diesem Zwecke in den Monaten August und September 1886 unternommenen Reise.

Die erste und wohl einzige Arbeit über lothringische Sprachgrenze ist von N a b e r t, aus den Jahren 1844-1847; sie erschien unter dem Titel : « Ueber Sprachgrenzen insonderheit die deutsch-französischen in den Jahren 1844-1847 » [1] und giebt die Sprachgrenze von Calais etwa bis zum Monte Rosa. Ausserdem giebt es einige Karten von Elsass-Lothringen, in welche die Sprachgrenze eingezeichnet ist, so die Karten von Bernhardi,

---

[1] Eine französische Uebersetzung, wenn auch nicht ausdrücklich als solche bezeichnet, hat Hr. E. Goguel in der Revue d'Alsace, Jahrgang 1859, veröffentlicht. Soweit diese Uebersetzung vom deutschen Urtexte abweicht, entspricht sie nicht den thatsächlichen, von Nabert an Ort und Stelle ermittelten Verhältnissen; er hat, z. B , Zünderingen - Zondringen als Zimming, Busdorf = Buschdorf als Bistroff wiedergegeben. Im übrigen verweise ich auf das über diese Schrift Gesagte in Gaidoz et Sébillot, Bibliographie des traditions de la littérature populaire de l'Alsace. Strasbourg 1883, Noiriel. p. 6.

von Boeckh und Kiepert, von Kirchner, welche, besonders die beiden ersten, grössere Fehler aufweisen. Ein wertvolles Hilfsmittel bilden die Mitteilungen des statistischen Bureau's des kaiserlichen Ministeriums für Elsass-Lothringen. [1]

Bei der Bestimmung der Sprachgrenze leitete den Verfasser die Frage: Wie weit wird französisches Patois in der Familie gesprochen? Und die Beantwortung dieser Frage ist (wohl einzig und allein) massgebend für die Bestimmung der Sprachgrenze. Findet sich ein Ort in der Nähe der Sprachgrenze (und solche giebt es in der That), in welchem kein Dialekt, sondern nur eine Art Schriftfranzösisch gesprochen wird, so werden besonders die Schule, die Kirche und der Verkehr diesen Zustand herbeigeführt haben. Es zeigt sich, dass solche Ortschaften alle im Keime deutsch sind; denn wo die Schule, die Kirche und der Verkehr auf das Patois der ganz französischen Orte eingewirkt haben, da haben sie, und wenn die Wirkung des Schriftfranzösischen noch so mächtig war, doch das Patois nicht ganz verdrängen können. Die Sprachgrenze ist also im allgemeinen die Bestimmung, wie weit sich das französische Patois in Lothringen ausdehnt.

Was die natürliche Sprachgrenze in Lothringen betrifft, so genügt schon ein Blick auf die Karte, um die Möglichkeit derselben klarzulegen. Sie wird gebildet durch Gebirge und Höhen, grosse Wälder, grosse Weiher; dazu kommt noch der frühere Mangel an bequemen Verkehrswegen. Wasserläufe bilden in Lothringen keine eigentliche Sprachscheide. Diese Grenzen sind besonders scharf im südöstlichen Teile, wo ausserdem zur französischen Zeit der génie militaire bequeme Verkehrswege soviel wie möglich beschränkt hat, um einen direkten Anmarsch nach Metz zu verhindern. Und wo eine derartige Strasse bestand, wurde sie unterdrückt. So gab es z. B. keine direkte Verbindung von Chambrey nach Metz.

---

[1] Statistisches Handbuch für Elsass-Lothringen. Erster Jahrgang. Strassburg 1885, p. 17 ff.

Noch jetzt giebt es französische und deutsche Nachbarortschaften, welche durch bequeme direkte Wege nicht verbunden sind, z. B. Weiher mit Biberkirch und Dreibrunnen im Kreise Saarburg, Lüttingen mit Endorf und Fentsch mit Arsweiler und Algringen im Kreise Diedenhofen.

Gebirge bilden eine scharfe Sprachgrenze in den Vogesen und ihren Ausläufern, und zwar derart, dass in Ortschaften, die kaum 3 Kilometer von einer deutschsprechenden Ortschaft entfernt sind, nur französisches Patois gesprochen wird. In den Kantonen Saarburg, Finstingen und Dieuze sind es zusammenhängende Wälder und in denselben gelegene grosse Weiher (Stockweiher, Mittersheimer Weiher), welche eine strenge Sprachscheide bilden. Hier gerade ist die natürliche Sprachgrenze so scharf, dass die auf der einen Seite gelegenen Ortschaften gar nicht oder nur kaum Namen der auf der andern Seite gelegenen Ortschaften kennen. Auch in anderen Teilen von Lothringen sind es von Waldungen bedeckte Höhen, welche die Sprachscheide herbeigeführt haben; hinter diesen Höhen liegen die Ortschaften in Thalsenkungen verborgen. Wo diese natürlichen Verkehrshemmungen nicht sind, und wo ausserdem die Anlegung von bequemen Verkehrswegen nicht beschränkt war, da findet man zumeist eine mehr oder weniger gemischte Bevölkerung, so von Ersingen bis Buss im Kreise Diedenhofen, von Heinkingen bis Bingen im Kreise Bolchen und von Rodalben bis etwa Losdorf im Kreise Château-Salins. Endlich haben auch die Erzgruben und Hochöfen eine sprachlich gemischte Bevölkerung herbeigeführt, so in Deutsch-Oth, Oettingen, Hayingen, Ersingen, Gross-Moyeuvre im Kreise Diedenhofen.

1.

Folgendes sind die von mir in den einzelnen an der Sprachgrenze gelegenen Ortschaften gemachten Beobachtungen; ich führe die Orte in der Reihenfolge auf, wie ich gereist bin. Die den Namen der Ortschaften in Klammern beigefügten Namen sind die Patoisbezeichnungen.

Hessen

ist vollständig patois. (Der Ausdruck «patois» bedeutet immer französisches Patois.) Alte Leute von 60 Jahren und darüber kennen etwas deutsch, welches sie beim Kanalbau im Verkehr mit deutschen Arbeitern gelernt haben. Der Schulunterricht wird vorwiegend in französischer Sprache abgehalten. Man findet daselbst noch bedeutende Ueberreste der alten Abtei von Hessen. Das jetzige Schulhaus befindet sich in dem alten prieuré.

Schneckenbusch,

Bruderdorf, *Plaine de Walsch* (Plęn'[1] dę Vǫlś in den umliegenden französisch sprechenden, Plindę Vals in den umliegenden deutsch sprechenden Ortschaften), *Harzweiler*, *Biberkirch* sind vollständig deutsch.

Dreibrunnen

ist deutsch. Dazu gehört auch Vallerysthal. Die Arbeiter dieser Glashütte wohnen in den umliegenden deutschen und französischen Ortschaften und gehen jeden Tag bezw. jede Woche nach Hause. Die Privatschule ist jetzt ganz deutsch, insofern sie nur noch Kinder von deutschen Arbeitern aufnimmt.

Walscheid

mit *Eigenthal* und *Nonnenberg*, *Thomasthal* (oder Wassersup), *Heimbach*, *Dagsburg*, *Hub* sind deutsch.

Soldatenthal.

Von 21 Haushaltungen sind 14 aus deutschen Ortschaften, und zwar 4 aus Biberkirch, 5 aus Walscheid, 2 aus Eigenthal, 1 aus Nonnenberg, 1 aus Thomasthal, 2 aus Dagsburg, 1 aus Haselburg und 1 aus dem Elsass. Von den übrigen 7 Haus-

---

[1] Die Erklärung der gebrauchten Zeichen folgt im II. Teile p. 28.

haltungen sind 3 alt ansässig in Soldatenthal und 4 aus Alberschweiler. Man spricht dort deutsch, etwas französisch und ein Patois, welches ein sonderbares Gemisch darstellt aus deutsch, französisch und Alberschweiler Patois, und welches nur der Bewohner von Soldatenthal versteht. Die Eltern sprechen zum grossen Teil französisch mit den Kindern; die Elsässerfamilie allein spricht nur deutsch mit den Kindern.

Türkstein.

Ausser 3 Anabaptistenfamilien, welche deutsch sind, wird nur patois gesprochen.

St. Quirin

ist ganz patois. Die Ausdrücke für Flösse und andere, welche auf die Beschäftigung der Bewohner Bezug haben, sind deutschen Ursprungs, z. B.: havé = arrêter, segar = scieur, slit = traineau. In dem dazu gehörigen Lettenbach, wo früher sich eine Glashütte befand, sind einige teilweise deutsche Familien; sonst sprechen die Leute nur patois und können kein Deutsch. In einigen Jahren wird man wohl von diesem Orte nichts mehr sehen; es macht einen traurigen Eindruck, wenn man diese beinahe ganz zerfallenen Häuser sieht, in welchen eine zum Teil schreckliche Armut herrscht.

Alberschweiler.

Es wird meist patois und auch französisch gesprochen. Doch unterscheidet sich dieses Patois in einzelnen Punkten von den ringsum gesprochenen Patois. Arbeiterfamilien verstehen mehr oder weniger deutsch. Auch einige bessere Leute verstehn etwas deutsch, was daher kommt, dass man meist Knechte und Mägde aus deutschen Ortschaften hat. Diese Erscheinung habe ich noch öfters konstatieren müssen.

Weiher (Vuayer)

ist ganz patois. Seit einigen Jahren sind 8 deutsche Familien aus Harzweiler eingewandert.

Nitting, Hermelingen,

Schweixingen (Suagzŏś'), *Heming* (Hĕmĩ^e), *Barchingen* (Barśĭ^e), *Rebing* (Bœbĩ^e) mit *Rintingen, Imlingen* sind vollständig patois und sprechen denselben Dialekt. Ganz in der Nähe von Schweixingen, auf der westlichen Seite des Dorfes, befindet sich auf einer Wiese eine Ruine, von welcher noch eine Mauer von ausserordentlicher Dicke steht.

Saarburg.

Saarburg mit Gehöften ist deutsch. Von den umliegenden französischen Ortschaften wird es auch als deutsch bezeichnet. Am besten wird das sogenannte Saargemünder Ditsch gesprochen; ausserdem wird französisch gesprochen und hier und da hört man ein schlechtes Patois, welches aus dem Verkehr mit den Patoisortschaften stammt. Es giebt ältere in Saarburg geborene Leute, welche kein Deutsch verstehn.

Zittersdorf,

Langd mit Stockhaus sind vollständig deutsch. Es besteht ein sehr geringer Verkehr mit den angrenzenden französischen Ortschaften Kirchberg und Kappel. Junge Leute aus Zittersdorf kannten kaum den Namen Kirchberg oder Kerpry. Eine Person aus Gosselmingen kannte alle deutschen Ortschaften der Umgegend, die französischen waren ihr unbekannt, einige Namen hatte sie zwar schon gehört.

Kirchberg (Kjęrpi a bō),

Kappel (Kap'), *Rodt, Freiburg* (Fribo), *Disselingen* (Dęssęlẽ), *Bisping* (Bœśpẽ), *Angweiler* (Yâwi), *Rohrbach* (Lorbaś) und *Kuttingen* sind vollständig patois.

Lauterfingen

ist ein ächt deutscher Ort. Die meisten Leute können französisch aus dem Verkehr mit französischen Ortschaften. Es können etwa 4 Personen kein Deutsch; sie sind aber aus französischen Gegenden eingewandert, und zwar ist eine Frau aus Frankreich,

2 Frauen aus Dieuze, eine Frau aus Montdidier. In Lauterfingen findet man in Wirtschaften noch altdeutsche Tische.

Losdorf (Loŝtrof).

2 Familien sind aus deutschen Ortschaften eingewandert und sprechen deutsch, in 4 anderen Familien ist der Vater aus dem deutschen Teile. Diese Leute kommen aus Lauterfingen, Münster, Lohr. Im übrigen wird nur patois gesprochen. Die Kirchhofaufschriften sind alle französisch.

Geinslingen (Gêz'lê).

3 Familien sind deutsch, nämlich die jetzige Lehrersfamilie, eine frühere Lehrersfamilie und ein Förster, letzterer aus Dagsburg. In einer 4. Familie ist die Mutter deutsch und spricht deutsch mit ihren Kindern. Im übrigen spricht man im Orte nur patois. Die Kirchhofaufschriften sind alle französisch.

Dorsweiler (Tǫrŝęvîl').

3 Familien können deutsch, in einer wird mit den Kindern deutsch gesprochen. Sonst ist alles patois, einige Wörter in demselben scheinen sich dem Französischen schon sehr zu nähern. Die Kirchhofaufschriften sind alle französisch.

Albesdorf (Alŝtrof).

In den umliegenden französischen Ortschaften heisst es, dass die Bewohner von Albesdorf meist deutsch können. Ein Mann aus Marimont sagte mir, dass, als er vor 40 Jahren nach Marimont gekommen, Albesdorf deutsch gewesen sei; die grosse Mehrzahl hätte nur deutsch gesprochen. In Montdidier sagt man, das Patois von Albesdorf werde zu langsam gesprochen, der Accent sei ein anderer; ähnliches wurde auch in anderen französischen Nachbarorten gesagt. Das Patois von Albesdorf ist sehr durchmischt mit deutschen Wörtern, z. B. ŝœp' = pelle, bādé = baigner, fędré = donner à manger aux bêtes. Es giebt viele Familien, welche deutsch sprechen. Ausserdem spricht man auch weit mehr französisch als patois. Predigt und Kinderlehre sind französisch. Die Aufschriften auf dem Kirchhofe sind französisch; die älteste, welche ich gefunden habe, ist aus dem Jahre 1822. Einige deutschen Aufschriften stammen von Beamtenfamilien.

Montdidier (Habo).

Die umliegenden Ortschaften kannten Montdidier früher nur unter dem Namen Habo, und zwar sagt man in den französischen Ortschaften « le Habo », z. B. être du Habo. Von 36 Familien sind 4 ganz deutsch: deren Kinder, bereits über 25 Jahre alt, können deutsch; sie benutzen in der Kirche deutsche Gebetbücher. In einer Familie ist die Mutter, in einer anderen ist der Vater deutsch. Diese deutsch sprechenden Leute sind aus Altdorf, Leiningen, Nellingen eingewandert. Aeltere Leute können meist etwas deutsch. In etwa 20 Familien kennt und spricht man nur patois. Eine etwa 60 Jahre alte aus Montdidier gebürtige Frau konnte nur patois und etwas französisch. Die Kinder sprechen patois auf der Strasse; wenn sie zum ersten Male in die Schule gehen, sprechen sie nur patois. In der Schule sind, bis etwa zum 9. Jahre, die Schwierigkeiten mit dem Deutschen gross; vom dritten Schuljahre ab ist der Unterricht so viel als möglich deutsch. Predigt und Kinderlehre sind französisch. Die Kirchhofaufschriften sind alle französisch. Ueber die Herkunft des Namens Montdidier erzählt man im Orte Folgendes. Ein Köhler, Namens Dietrich, liess sich auf diesem Berge (daher der Name Habo = haut bois) nieder; infolgedessen erhielt derselbe den Namen Dietrich's Berg. Das Dorf ist 1628 gegründet worden; die Waldfläche hiess damals Diedersbang und im Patentbriefe heisst es, dass das Dorf Diedersberg oder Mont Didier heissen soll.

Nebing (Nebé).

Vor 1870 4 deutsche Familien, welche von Ersdorf, Altdorf eingewandert sind; seitdem noch etwa 12 Familien, in welchen der Vater meist Bahnarbeiter ist. Die Kinder der letzteren sprechen alle deutsch, wenn sie in die Schule kommen. Im Orte spricht man sonst patois und französisch. In der Schule werden alle Fächer deutsch gegeben; nur eine Stunde französisch täglich. Kinderlehre und Predigt sind französisch. Die Kirchhofaufschriften sind ebenfalls alle französisch.

Vahl.

Es wird patois gesprochen. Etwa 7 Familien sind deutsch, die Eltern sprechen deutsch untereinander, aber nicht mit den Kindern. Früher sollen noch weit mehr deutsche Familien im Orte ansässig gewesen sein.

Neufvillage.

In den deutschen Ortschaften wird der Ort meist Neudorf genannt. Ausser einer ganz französischen Familie und einer, wo ein Glied französisch ist, ist alles deutsch. Wenn die Kinder in die Schule kommen, können sie nur deutsch, ausser dem Kinde der einen französischen Familie. Die Schule ist infolgedessen ganz deutsch. Die Kinderlehre wird ebenfalls in deutscher Sprache abgehalten. In der Kirche wird auf französisch gebetet. Von Altdorf her wird der Kirchendienst versehen. Der alte Pfarrer predigt in Neudorf in deutscher, der Vicar aber in französischer Sprache. Von den Kirchhofaufschriften sind mehrere deutsch.

Bensdorf (Benestrof).

Von 93 Familien sind 20 deutsch, welche, bis auf 5, Beamtenfamilien sind; ausserdem noch 8 Familien, in welchen der Vater, und 2, in welchen die Mutter deutsch ist. Seit einigen Jahren giebt es nur Heiraten zwischen auswärtigen jungen Leuten und Mädchen aus dem Orte. Auf der Strasse wird meist patois gesprochen. Die Kinder sprechen zum grossen Teile patois, wenn sie in die Schule kommen. Der Unterricht ist deutsch bis auf eine Stunde französisch täglich. Predigt und Kinderlehre sind französisch. Die Kirchhofaufschriften sind französisch; eine deutsche ist erst aus dem Jahre 1879 mit merkwürdiger Orthographie (z. B. Cate = Gatte).

Molringen (Mörlé).

Von 16 Familien sind 4 deutsch, aus Colmar, Wittersburg eingewandert. Die übrigen Familien sprechen nur patois. Molringen ist ein ganz erbärmlicher Ort; kommt man hin, so trifft man niemanden; die Bewohner sind meist Korbmacher.

Marimont.

4 Familien sind vollständig deutsch, aus deutschen Ortschaften eingewandert. Von weiteren 4 Familien ist Vater oder Mutter deutsch. Im übrigen wird patois gesprochen. Die Kinder sprechen patois, wenn sie in die Schule kommen. Der Unterricht ist etwa zur Hälfte deutsch. Predigt und Kinderlehre sind französisch. Die Kirchhofaufschriften sind alle französisch bis auf eine interessante Aufschrift aus dem Jahre 1822 in lateinischer Sprache.

Bessingen (Bęssę),

Bedesdorf, *Biedesdorf*, *Dommenheim* (Dǫm'nǫm), *Burgaltdorf* (Burẓ'altrof), *Gebling*, *Vergaville* sind vollständig patois. Nur in Burgaltdorf sind 3 deutsche Familien, nämlich ein Wegemeister, ein Pächter und eine andere Familie, ebenso in Vergaville 3, darunter ein Förster. Zur Eigentümlichkeit des Dialekts trägt bei, dass auf einer Kirchhofaufschrift zu Bedesdorf sich janvrier (für janvier) mit eingeschobenem r findet.

Ebenso sind vollständig patois *Zarbeling*, *Liedersingen* (Lidrę'hę), *Linderchen* und *Conthil* (Kötęi).

Rodalben

ist deutsch. In etwa 10 Familien ist Vater oder Mutter aus einer französischen Ortschaft. Deutsch wird auf der Strasse gesprochen. Die Schule ist deutsch, ebenso die Kinderlehre. Bis vor 8 Jahren war abwechselnd deutsche und französische Predigt; seitdem predigt der Pfarrer alle 4-5 Wochen in französischer Sprache, um dem Wunsche der Leute zu willfahren.

Bermeringen

ist vollständig deutsch. Alle Familien sprechen deutsch. Predigt, Kinderlehre und Schule sind vollständig deutsch.

Mörchingen

ist deutsch. Nach Aussage der Lehrer kommen die meisten Kinder in die Schule und sprechen kein Deutsch. Leute aus den besseren Familien wollen kein Deutsch sprechen. In den cafés hörte ich nur französisch sprechen. Man spricht aber kein Patois. Gewöhnlichere Leute sprechen mehr deutsch; aber alle können deutsch. In den umliegenden französischen Ortschaften heisst es, dass in Mörchingen ein ganz eigenartiges Französisch gesprochen werde. «Den Mörchinger», sagen sie, «erkennt man überall.»

An einem äusseren Kirchenpfeiler auf der Ostseite findet sich folgende Grabinschrift in römischen Lettern : 1593 . STARB . DIE . EREN . VND . TVGENTHAFT . CATARIN . WENDEL . NOBSEN . SCHVLMEISTERS . FRAV . DER . GOTT . GNAD.

Rode.

Baronweiler, Destrich, Landorf, Sülzen sind vollständig patois.

Harprich.

Alle Leute sprechen nur deutsch; sehr wenig deutsch kann nur eine Person. Predigt, Kinderlehre und Schule sind infolgedessen auch ganz deutsch.

Maiweiler

ist deutsch. In 2 Familien kann der Vater kein Deutsch, ist aber eingewandert. Auf dem Kirchhofe befinden sich 4 deutsche Aufschriften, darunter eine aus dem Jahre 1633. Predigt, Kinderlehre und Schule sind natürlich deutsch.

Falkenberg.

In diesem Orte, welcher vollständig deutsch ist, wird abwechselnd französisch und deutsch gepredigt. In der Kirche wird nur in französischer Sprache gebetet.

Thonville, Diedersdorf,

Chémery, Niederum, Argenchen, Hemilly, Silbernachen und Rollingen sind rein patois sprechende Grenzortschaften. Auf der anderen Seite sind ganz deutsche Ortschaften ohne sprachliche Mischung.

Bingen.

Von 88 Familien sind etwa 12 deutsch. Man spricht im Orte mehr französisch als patois. Die Kinder sprechen französisch, wenn sie in die Schule kommen. In der Schule ist der Unterricht etwa zur Hälfte deutsch. Predigt und Kinderlehre sind französisch.

Morlingen.

Etwa ³/₄ der Bevölkerung ist ganz deutsch. Es sind meist arme Leute, Arbeiter, Korbmacher, u. s. w. Die Schule (8 Kinder) ist ganz deutsch.

Bizingen.

3 bis 4 Familien können kein Deutsch. Sonst ist alles deutsch.

Waibelskirchen.

Von 80 Familien sind etwa 6, welche deutsch können. Aeltere Leute können auch etwas deutsch, meist infolge der deutschen Knechte, welche sie halten, von denen einige im Orte verheiratet sind.

Lautermingen

ist deutsch. Nur eine Person kann kein Deutsch, sie ist aber eingewandert. Die Schule ist ganz deutsch.

Contchen (Kodū).

Northen (Nurtē) und *Niedbrücken* (Pūñǫ).

In diesen 3 Ortschaften wird dasselbe Patois gesprochen wie in Kurzel (K'sęl') mit Plappecourt (Pjęt'kǫ). In Contchen sind von etwa 55 Haushaltungen 3 ganz deutsch, in 5 anderen ist Vater oder Mutter aus einer deutschen Ortschaft. In Northen kommen von etwa 32 Haushaltungen 8 deutsch. In Niedbrücken sind 3 Familien, in denen die Mutter deutsch ist. In der Schule ist in diesen 3 Orten der Unterricht zur Hälfte französisch, zur Hälfte deutsch.

Heinkingen.

3 Familien sind vollständig deutsch, von denen 2 vor 1870 eingewandert sind. In 2 Familien ist der Vater, in 5 die Mutter deutsch. Der Unterricht ist etwa zur Hälfte deutsch. In den umliegenden französischen Ortschaften heisst es, dass in Heinkingen zum Teil deutsch, zum Teil französisch und patois gesprochen werde. Dagegen ist die Annexe *Brechlingen* zum grössten Teile deutsch.

Charleville

mit *Epingen, Nidingen, Brittendorf* (Bęrtōkǫ), *Villers-Bettnach* sind Orte, in welchen nur patois gesprochen wird. Es besteht in diesen Ortschaften ein sehr geringer Verkehr mit den angrenzenden deutschen Ortschaften, welche bei ihnen nicht beliebt sind.

St. Bernard.

Es wird daselbst nur patois und französisch gesprochen. 4 Personen können deutsch, sind aber nicht aus dem Orte. In der Schule sind wöchentlich 4 Stunden deutsch.

Endorf (Obōkǫ).

Alldorf, Mancy, Monterchen (Mōtrętx'ęn) sind patois. In Monterchen steht neben dem Chore der Kapelle ein Kreuz mit deutscher Inschrift aus dem Jahre 1673.

Lüttingen

ist deutsch. Etwa 6 Personen können kein Deutsch, sind aber nicht aus dem Orte. Das gesprochene Deutsch ist luxemburgisch mit einem hässlichen Gemisch von französischen Brocken. Die Schule und die Kinderlehre sind deutsch, die Predigt aber französisch.

Wolsdorf,

Niedergeningen mit *Obergeningen* und *Gelingen, Bertringen* mit *Immeldingen, Illingen* sind ganz deutsche Ortschaften. In Illingen sind etwa 6 Personen, die kein oder wenig Deutsch verstehn. In Bertringen und Niedergeningen wird französisch gepredigt.

Rörchingen.

Man spricht daselbst patois und französisch. In etwa 8 Familien ist der Vater aus dem deutschen Teile (Metzeresch und Umgegend); aber die Eltern sprechen untereinander und mit den Kindern nur französisch, da die Frau aus dem Orte ist. Ausserdem sind daselbst noch etwa 6 ältere Leute, welche etwas deutsch können, auch infolge davon, dass meist deutsche Knechte gedungen werden.

Buss mit Blettingen.

In diesen Ortschaften wird meist französisch, weniger patois gesprochen. 2 Familien sind vollständig deutsch. In etwa 10 anderen Familien ist Vater oder Mutter aus einer deutschen Ortschaft. Die Kinder sprechen alle nur französisch, wenn sie in die Schule kommen. Der Unterricht ist zur Hälfte deutsch.

Gross-Moyeuvre.

Von 1154 Familien sind etwa 350 deutsch redend, meist Arbeiter.

Reichersberg

mit *Mondelingen* und *Beringen, Gandringen* mit *Amnéville* und *Büssingen, Wallingen* mit *Beurange* (Byœväs') sind vollständig patois.

Fameck (Fomęk)

mit den Annexen *Nieder-* und *Ober-Remelingen, Morlingen, Edingen, Büdingen.*

In diesen Ortschaften ist die Hauptsprache patois. Von 1144 Einwohnern sprechen 116 deutsch; sie sind meist seit 1870 eingewandert und zum grössten Teile Arbeiter in den forges. Von diesen fallen auf Fameck etwa 10, auf Nieder- und Ober-Remelingen etwa 12, auf Morlingen etwa 9, auf Edingen etwa 3 und auf Büdingen etwa 6 Familien. Die deutsch sprechenden Einwohner sind meist Luxemburger. Predigt und Kinderlehre sind französisch. Die Schule ist etwa zur Hälfte deutsch.

Flörchingen,

Terville, Daspich, Ebingen. Diese Ortschaften sind deutsch. Aber deutsch sprechen fast nur die älteren Leute. Im übrigen wird besonders in Flörchingen und Ebingen französisch gesprochen. Die Eltern sprechen meist französisch mit ihren Kindern. Die Kinder kommen in die Schule und sprechen nur französisch. Die Predigt und die Kinderlehre sind französisch; die Schule aber ist vollständig deutsch. Es wird kein Patois und nur eine Art schlechtes Schriftfranzösisch gesprochen. Und diese Ortschaften werden von den umliegenden französischen Ortschaften als deutsch bezeichnet, und mit Recht. Hört man die Leute französisch sprechen, so sprechen sie sehr langsam, gleich als ob sie jedes einzelne Wort erst abwägen würden, oder vielmehr als ob sie den Gedanken erst aus einer Sprache in die andere übersetzten. Zu diesem unnatürlichen Verhältnisse lassen sich die älteren Leute nicht hinreissen, sie sprechen am allerliebsten ihre Muttersprache.

Schremingen mit Susingen.

Die Leute sprechen nur französisch, aber kein Patois. Von den älteren Leuten können und sprechen viele deutsch. In Ersingen wurde mir gesagt, dass man in Schremingen beinahe in jedem Hause deutsch könne. Die Kinder sprechen nur französisch, wenn sie in die Schule kommen. Der Unterricht ist zur Hälfte deutsch. Die Predigt und die Kinderlehre sind französisch.

Ersingen.

Von 30-35 Familien sind etwa 12 deutsch, Arbeiter in den forges, welche eingewandert sind. Die Eingeborenen sprechen patois.

Hayingen.

Von 5853 Einwohnern sprechen etwa $1/3$ deutsch, welche alle Arbeiter in den forges sind. Die Predigt und die Kinderlehre sind deutsch und französisch. Es wird nur noch wenig patois gesprochen.

In *Kneutingen, Fentsch, Nilvingen* (Nilvās'), *Marspich* wird patois gesprochen. Das Patois dieser Ortschaften ist sehr mit französisch vermengt. In Kneutingen wird schon viel französisch gesprochen. In Marspich sind etwa 6 Familien, in denen man deutsch kann.

Gentringen,

Weimeringen, Volkringen, Arsweiler, Algringen, Ruxweiler, Wollmeringen sind ganz deutsche Ortschaften. Die Leute sprechen zum Teil abwechselnd deutsch und französisch oder vielmehr beides durcheinander, so dass oft ein Satz französisch, dann der folgende deutsch ist. Will aber einer einen guten Witz erzählen, oder handelt es sich um Herzensangelegenheiten, so spricht einer deutsch. Die Schule ist vollständig deutsch. In Arsweiler ist die Predigt französisch, die Kinderlehre deutsch; in Gentringen, Weimeringen, Volkringen, Algringen, Ruxweiler sind die Predigt und die Kinderlehre französisch. In allen diesen Ortschaften wird auch in der Kirche französisch gebetet. In Weimeringen verstanden Kinder von 9 bis 12 Jahren kein Wort französisch. In Volkringen predigt der Pfarrer in der Fastenzeit auch in deutscher Sprache, und, wie ein Mann mir versicherte, predigt er sehr schön

deutsch. Ein Mann aus Volkringen beklagte sich über dieses
doppelsprachige Verhältnis. «Die Kinder lernen gar nichts»,
sagte er. Er wünsche, dass Kirche und Schule entweder ganz
französisch oder ganz deutsch seien ; dann könnten die Kinder
doch etwas lernen.

Havingen,

Tressingen mit *Bure* sind französische Ortschaften, es wird
meist nur patois gesprochen.

Nonkeil.

Dieser Annex von Oettingen mit 219 Einwohnern ist vollständig deutsch. Nonkeil liegt in einem kleinen Thalkessel,
vollständig getrennt von den umliegenden Ortschaften. Man
mag von irgend einer Seite in diese Ortschaft kommen, man
sieht sie gleichsam erst, wenn man darin ist.

Oettingen.

Von 340 Familien sind etwa 25—30 deutsch. Sonst wird
meist ein Patois gesprochen, welches, wie das Patois von
Deutsch-Oth, viel deutschen Einfluss erfahren zu haben scheint.
Predigt und Kinderlehre sind französisch. Der Schulunterricht
ist über die Hälfte deutsch.

Deutsch-Oth (Awdé).

Von 271 Familien sind 20 exclusive deutsch ; in etwa 40
ist der Vater deutsch. Sonst wird patois gesprochen. Der
Unterricht ist zur Hälfte deutsch. Predigt und Kinderlehre sind
französisch. Die Kirchhofaufschriften sind alle französisch,
darunter sehr alte. In dem dortigen Bürgermeistereiarchiv
befinden sich alte Handschriften aus dem Jahre 1581 in französischer und deutscher Sprache ; in diesen ist der Name des
Ortes «Adhu» geschrieben.

Redingen

und *Rüssingen* sind beide deutsch. Der Pfarrer predigt deutsch
und französisch ; die Kinderlehre ist deutsch. In Rüssingen

befindet sich in einer Seitenmauer des Chores der Kirche ein etwa 1 1/2 m. hohes Grabdenkmal[1] aus weissem Marmor. Dasselbe, welches im Renaissancestyle gehalten ist, stellt in stark hervortretendem Relief den Heiland am Kreuze mit einer am Fusse des Kreuzes knieenden Figur dar. Unterhalb des Kreuzes ist in den weissen Marmorblock eine schwarze Marmorplatte eingelegt, in welche folgende sechszeilige Strophe mit der Reimstellung aabccb eingemeisselt ist. Die Inschrift trägt keine Jahreszahl.

```
CY GIST IEÃ DARD. HA/LT DE RACE & DE NOIN
EN L AVRIL DE CES ÃS PLA PARQ CLOTÕ
A DELAISSE SÕ CORPS SOVBS CESTE TRISTE LEME
LE BRVICT DE CES VTVS A LA POSTERITE
L HÕNEVR DE SA MAISON A L IMORTALITE
ET LE CIEL POVR IAMAIS SE RESERVE SON AME ²
```

[1] Auf dieses Denkmal machte mich Herr F. Ponsin, Maler in Deutsch-Oth, freundlichst aufmerksam; dafür und für seine ausserordentliche Zuvorkommenheit spreche ich ihm an dieser Stelle meinen Dank aus

[2] Diese Inschrift bedeutet, in modernes Französisch übertragen:
 Ci-gît Jean Dard, haut de race et de nom,
 En l'avril de ses ans par la Parque Cloton.
 A délaissé son corps sous cette triste lame (Grabstein).
 Le bruit de ses vertus à la postérité,
 L'honneur de sa maison à l'immortalité,
 Et le ciel pour jamais se réserve son âme.

Auf dieser Inschrift, welche aus der ersten Hälfte des 16. Jahrhunderts sein kann, ist der Name Dard wohl d'Ard zu lesen, worauf haut de race et de nom und der Umstand hindeutet, dass die Inschrift überhaupt keine diakritischen Zeichen anwendet. Die am Fusse des Kreuzes betende Figur stellt, wie dies zu geschehen pflegte, die Person (hier eine Frau) dar, welche das Grabdenkmal herstellen liess.

Nach diesen Beobachtungen ergeben sich als gemischt folgende Ortschaften. Ich sehe ab von Metz, Ban St. Martin, Devant-les-Ponts, Moutigny, Sablon, Ars an der Mosel, Novéant, welche ich nicht untersucht habe, da sie nicht in dem Bereiche meiner Arbeit lagen.

Vorwiegend deutsch sind: Im Kreise Bolchen: Brechlingen, Bizingen, Morlingen; im Kreise Forbach: Mörchingen; im Kreise Château-Salins: Rodalben; im Kreise Saarburg: Saarburg, Soldatenthal.

Vorwiegend französisch sind: Im Kreise Diedenhofen: Deutsch-Oth, Oettingen, Hayingen, Ersingen, Schremingen mit Susingen, Fameck mit Morlingen, Remelingen, Edingen und Büdingen, Ueckingen, Gross-Moyeuvre, Buss; im Kreise Bolchen: Heinkingen, Northen, Contchen, Waibelskirchen, Bingen; im Kreise Château-Salins: Bensdorf, Vahl, Nebing, Montdidier, Albesdorf, Molringen, Marimont.

Die Sprachgrenze wird zwischen folgenden beiden Linien laufen. Ich beginne im Nordwesten. Die deutsche Linie ist: Redingen, Rüssingen, etwa von Esch bis Ober-Tetingen der luxemburgischen Grenze entlang, Wollmeringen, Nonkeil, Ruxweiler, Arsweiler, Algringen, Volkringen mit Weimeringen, durch Susingen und Schremingen nach Flörchingen, Ebingen, durch Ueckingen nach Bertringen, Niedergeningen, Obergeningen, Gelingen, Schell, Kirsch bei Lüttingen, Lüttingen, Bidingen, durch den Bann Ebersweiler nach Pieblingen, Drechingen, Buchingen, Rederchen, Mengen, Gehnkirchen, Brechlingen, Volmeringen, Lautermingen, Helsdorf, Bruchen, Bizingen, Morlingen, Zondringen, Füllingen, Gänglingen, Elwingen, Kriechingen, Maiweiler, über Falkenberger Bann nach Edelingen, Einschweiler, Weiler, Beningen, Harprich, Mörchingen, Rakringen, Rodalben, Bermeringen, Virmingen, Neufvillage, Leiningen, durch Albesdorf nach Givrycourt, Münster, Lohr, Lauterfingen mit Mittersheim, Berthelmingen, St. Johann von Basel, Gosselmingen, Langd mit Stockhaus, Saarburg mit Gehöften, Bühl, Schneckenbusch, Bruderdorf,

Plaine de Walsch, Harzweiler, Biberkirch mit Dreibrunnen, Walscheid, Eigenthal, Nonnenberg, Thomasthal, Soldatenthal, von da eine Linie durch das Quirinthal nach dem Donon.

Die französische Linie ist: Deutsch-Oth, Oettingen, Bure, Tressingen, Havingen, Fentsch, Nilvingen, Marspich, über Susingen und Schremingen nach Ober-Remelingen, Nieder-Remelingen, Faineck, durch Ueckingen nach Reichersberg, Buss, Rörchingen, Monterchen, Mancy, Altdorf, Endorf, St. Bernard, Villers-Bettnach, Brittendorf, Niedingen, Epingen (Charleville), Heinkingen, Northen, Contchen, Waibelskirchen, Wieblingen, Bingen, Rollingen, Silbernachen, Hemilly, Argenchen, Niederum, Chémery, Thonville, Nieder- und Ober-Sülzen, Landorf, Baronweiler, Rode, Pewingen, Metzing, Conthil, Zarbeling mit Liedersingen, Bensdorf, Vahl, Montdidier, durch Albesdorf nach Dorsweiler, Geinslingen, Losdorf, Kuttingen, Rohrbach, Augweiler, Bisping, Disselingen, Freiburg, Rodt, Kirchberg am Wald, über Behinger Bann nach Imlingen, Hessen, Nitting, Weiher, Alberschweiler, Lettenbach, St. Quirin, Türkstein. — Siehe hierzu die schematische Darstellung der Sprachgrenze auf p. 31 ff.

Vergleicht man diese Sprachgrenze mit der Nabert'schen, so zeigen sich zum Teil grosse Unterschiede. Zunächst noch folgende Bemerkungen.

An mehreren Punkten, und zwar besonders von Contchen bis Bolchen und von Berg bis Losdorf, bietet die Aufeinanderfolge der Ortschaften bei Nabert ein Durcheinander. Von Einschweiler bis Berg macht er einen Sprung, so dass sich die Grenze nicht genau erkennen lässt. In den Kantonen Albesdorf, Dieuze und Saarburg sieht es aus, als ob französisch und deutsch sprechende Ortschaften sich durcheinander befunden hätten; von Bensdorf bis Losdorf kann man nicht recht erkennen, wie die Grenzlinie läuft. Manchmal, und zwar besonders für den Kanton Saarburg, gewinnt man den Eindruck, als ob Nabert einem bestimmten Principe gefolgt sei, als ob der Name des

Ortes allein ihn habe veranlassen können die Einwohner als deutsch sprechend aufzuführen.

Die von Nabert gegebene Sprachgrenze unterscheidet sich von der obigen in nachstehenden Punkten. Folgende Ortschaften werden als deutsch bezeichnet und sind 1) französisch: Im Kreise Diedenhofen: Nilvingen, Marspich; im Kreise Château-Salins: Burgaltdorf, Dorsweiler, Bessingen, Gebling, Losdorf; im Kreise Saarburg: Kirchberg am Wald, Bebing, Heming, Gondrexingen, Landingen, Aspach, Lörchingen, Frakelfingen, Hattigny, Niederhof, Alberschweiler, Wasperweiler, Lettenbach;

2) überwiegend französisch mit deutscher Mischung: Im Kreise Diedenhofen: Deutsch-Oth, Oettingen, Remelingen, Fameck, Büdingen; im Kreise Bolchen: Heinkingen; im Kreise Château-Salins: Bensdorf, Montdidier. Ausserhalb der deutschen Linie liegen folgende deutsche Ortschaften: Im Kreise Diedenhofen: Ruxweiler; im Kreise Bolchen: Maiweiler; im Kreise Forbach: Harprich und Mörchingen.

Wenn man obige Beobachtungen mit den Feststellungen des statistischen Bureau's des kaiserlichen Ministeriums für Elsass-Lothringen, beziehungsweise mit den 1872 durch die Behörden veranstalteten Ermittelungen vergleicht, so weichen sie im ganzen nicht erheblich von einander ab, da die Hauptfälle gemischte Ortschaften und deren Bezeichnung als vorwiegend deutsch oder französisch betreffen. In den Abweichungen drücken sich vielfach die Ergebnisse von Wanderbewegungen jüngsten Datums aus. Diese Unterschiede sind folgende:

1) Von den als deutsch bezeichneten Ortschaften ist vollständig französisch im Kreise Bolchen, Kanton Busendorf: St. Bernard;

2) Von den als vorwiegend deutsch mit französischer Mischung bezeichneten Ortschaften sind

a) vollständig deutsch:
   im Kreise Bolchen, Kanton Bolchen: Lautermingen; Kanton Falkenberg: Maiweiler;
   im Kreise Château-Salins, Kanton Albesdorf: Bermeringen, Lauterfingen, Neudorf (Neufvillage);
   im Kreise Forbach, Kanton Grosstänchen: Harprich;
   im Kreise Saarburg, Kanton Saarburg: Dreibrunnen;
b) vorwiegend französisch mit deutscher Mischung:
   im Kreise Château-Salins, Kanton Albesdorf: Montdidier.

3) Von den als vorwiegend französisch mit deutscher Mischung bezeichneten Ortschaften sind
a) vorwiegend deutsch mit französischer Mischung:
   im Kreise Bolchen, Kanton Bolchen; Bizingen, Morlingen, Brechlingen;
b) vollständig französisch:
   im Kreise Château-Salins, Kanton Albesdorf: Dorsweiler, Geinslingen, Losdorf.

4) Von den als vollständig französisch bezeichneten Ortschaften sind vorwiegend französisch mit deutscher Mischung:
   im Kreise Diedenhofen, Kanton Diedenhofen: Ersingen, Fameck mit den Annexen Büdingen, Edingen, Morlingen, Nieder-Remelingen und Ober-Remelingen.

II.

An die Feststellung der Sprachgrenze reiht sich die Frage, ob einerseits das gesprochene Deutsch und anderseits das gesprochene Französisch einheitlich sind.

1. Das Deutsche.

In Bezug auf das in Lothringen gesprochene Deutsch lassen sich 3 Hauptgruppen unterscheiden, natürlich nur insoweit sie sich längst der Sprachgrenze haben beobachten lassen. Diese

Hauptgruppen sind das Elsässer, das Saargemünder und das Luxemburger Deutsch; zwischen dem Saargemünder und dem Luxemburger besteht ein verbindendes Glied, das sogenannte Bolcher Deutsch. Die elsässische Mundart erstreckt sich bis Schneckenbusch, 3 1/2 Kilometer südöstlich von Saarburg; von Bühl, 2 Kilometer nördlich von Schneckenbusch, bis Zondringen, 8 Kilometer südsüdöstlich von Bolchen, das Saargemünder Deutsch; bis etwa Ebersweiler, 10 Kilometer westlich von Busendorf, das Bolcher Deutsch; von da ab wird das Luxemburgische gesprochen. Die Frage, in wie fern diese einzelnen Gruppen sich von einander unterscheiden, lasse ich unberührt.

Das gesprochene Idiom ist in den Grenzortschaften mehr oder weniger unrein. Unrein ist es, insofern als das Schriftfranzösische ein grosses Contingent Wörter geliefert und dadurch deutsche Bezeichnungen verdrängt hat; diese französischen Lehnwörter sind dem gesprochenen Idiom mehr oder weniger angeglichen worden. In mehreren Ortschaften sind auch französische Patoisausdrücke aufgenommen worden, z. B. kuvo = patois kǫva = chaufferette, und andere mehr. Ja in einzelnen Grenzorten ist, infolge des Verkehrs mit französischen Ortschaften, der gesprochene Dialekt so arg mitgenommen worden, dass solche Orte ein Gegenstand des Spottes für die deutschen Nachbarortschaften geworden sind. So weiss man in Einschweiler (Kreis Forbach, Kanton Grosstänchen) den Artikel nicht mehr richtig zu gebrauchen; vor männlichen Wörtern wird meist der weibliche Artikel gesetzt: so wird man, wenn man von einer Person, Namens Schmidt, spricht, sagen: dǐ (= die) Schmidt statt da (= der) Schmidt.

2. Das Französische.

Das französische Patois lässt sich nicht in so fest abgegrenzte Gruppen einteilen wie das Deutsche. Anfangs- und Endpunkte gewisser Haupteigentümlichkeiten fallen meist nicht zusammen; es ist ein deutlicheres Ineinandergreifen wahrzunehmen. Das, wie die Leute sagen, gröbste, für den Forscher aber reinste Patois wird im allgemeinen etwa von Conthil bis Kurzel gesprochen. (Ich beschränke mich natürlich auch hier wieder auf die Grenzortschaften und ihre nächsten Nachbarorte). Von Conthil bis zur elsässischen Grenze und von Kurzel bis etwa Reichersberg ist das Patois schon weniger rein. Am meisten französischen Einfluss hat wohl das Patois erfahren von Fameck bis zur luxemburgisch-französischen Grenze, wo man vielleicht auch noch Einfluss des Deutschen annehmen darf. Das Patois in den lothringischen Vogesen und ihren Ausläufern wird « le vaźé[1] » (le vosgien) oder auch « le patois de la mon-

---

[1] Die angewandten Zeichen haben folgenden Lautwert:

a) Vokale.

- ę = offenes e in bel.
- ę̣ = Laut in besoin.
- ẹ = geschlossenes e in gelée.
- ẹⁱ = derselbe Laut wie ẹ mit kurzem i = nachklang.
- œ = Laut in seul.
- œ̣ = Laut in heureux.
- ǫ = offenes o in fort.
- ō = langes geschlossenes o in rose.
- o = kurzes geschlossenes o in aussi.
- ū = langer Laut in jour.
- u = kurzer Laut in pour.
- ü = Laut in lune.
- ã = Nasal = a in an.
- ẽ = Nasal = e in vin.
- ĩ̯ᵉ = Nasal = i mit e = nachklang, etwa das i im deutschen „in".
- õ = Nasal = o in bon.
- ' = Zeichen des Ausfalls eines Vokals.

b) Halbvokale

- w = Laut des englischen w.
- i̯ = tonloser j-Laut in «jeder» stehend nach harten Consonanten.
- y̯ = tönender   »   »   »   » weichen   »
       und zwischen Vocalen.

c) Consonanten.

- g = Laut in garçon.
- χ' = Laut in ich.

tagne genannt. Das Patois, welches gesprochen wird von Freiburg und Langenberg bis etwa Bourdonnaye, wird «le sano» genannt, wovon einige Eigentümlichkeiten bis Kappel reichen: denn in Kirchberg sagt man: «Le patois de Kap' tire déjà sur le sano». Der Ausdruck «le sano», welcher jetzt nur noch das gesprochene Idiom bezeichnet, war ursprünglich der Name der Gegend, welche le Saulnois = Salinensis (sc. pagus)[1] genannt wurde und sich weiter ausdehnte als das jetzt so bezeichnete Idiom; dass «sano» in der That aus Salinensis herzuleiten ist, erklären die Spracheigentümlichkeiten dieser Gegend, wonach lateinisches a + l + Cons. zu a und lateinisches betontes geschlossenes e zu o wurde.

Haupteigentümlichkeiten, in Bezug auf welche die Patois der Grenzorte sich unterscheiden[2], sind folgende:

1) Aus den lateinischen Verbindungen c + e oder i und t + i, welche gemeinfranzösisch zu s werden, sc (x, x + s, x + ca) und s + i, welche gemeinfranzösisch zu iss und ess werden, r + s, r + t + i und r + c + e oder i, welche gemeinfranzösisch zu rs werden, sind χ resp. 'h von Türk-

---

χ = ch = laut, tief in der Kehle gesprochen, bei Brücke* mit χ[3] bezeichnet, etwa dem schweizerischen entsprechend.
'h = der entsprechende tönende Laut des χ, etwa gleich dem deutschen h.
š = ch in chêne.
ž = j in jamais.
s = Laut in sable.
z = s-Laut in rose.
ñ = Laut gn in compagnon.

Die übrigen Zeichen entsprechen in ihrem Lautwerte dem Französischen.

[1] Vgl. Dom Aug. Calmet. Notice de la Lorraine. Lunéville 1840. II. Band, p. 309.

[2] Eine ausführliche Beschreibung der Eigentümlichkeiten des französischen Patois eines Teiles des Grenzgebietes wird eine demnächst erscheinende Monographie des Verfassers enthalten.

* Grundzüge der Physiologie und Systematik der Sprachlaute. 2. Auflage. 1876, p. 64.

stein bis Rodt, mit Ausnahme von Alberschweiler, š resp. ž in Alberschweiler und von Freiburg bis Conthil, χ resp. 'h von Reich bis Hemilly und š resp. ž von Rollingen bis Deutsch-Oth.

2) Lateinisches geschlossenes e resp. kurzes i vor Doppelconsonanz, welches gemeinfranzösisch zu offenem e wird (mittere = mettre), ist ǫ von Türkstein bis Freiburg, a von Desselingen bis Buss, ǫ von Reichersberg bis Remelingen, ę (wie französisch) von Ersingen bis Deutsch-Oth.

3) Lateinisches offenes e + Guttural + Cons., welches gemeinfranzösisch i ist (lectus = lit), ist geschlossenes e von Türkstein bis Imlingen, œ von Kirchberg am Wald bis Bensdorf, i von Conthil bis Deutsch-Oth.

4) Lateinisches geschlossenes e oder kurzes i + Guttural + Cons., welches gemeinfranzösisch oi ist (frigidus = froid), ist a von Türkstein bis Kirchberg am Wald, geschlossenes o von Kappel bis Baronweiler, œ von Landorf bis Deutsch-Oth.

5) Lateinisches a + l + Cons., welches gemeinfranzösisch au ist (altus = haut), ist a von Türkstein bis Zarbeling, o von Conthil bis Deutsch-Oth.

Anhang zu I.

Uebersicht der Sprachgrenze.

Die Linie bedeutet die Grenzscheide zwischen den Sprachgebieten. Rechts stehen die deutsch sprechenden, links die französisch sprechenden, in der Mitte die gemischten Ortschaften, und zwar deutet die offene Seite der gebrochenen Linie auf die überwiegende Sprache; wo diese Linie Ortsnamen ganz umschliesst, sind es gemischte Ortschaften, in welchen überwiegend eine Art Schriftfranzösisch aber kein Patois gesprochen wird.

Rechts und links von dieser Uebersicht fügen wir je zwei Rubriken bei, von denen die eine die Territorien angiebt, welchen die Ortschaften, bevor sie an Frankreich kamen, zugehörten, die andere das Jahr, in welchem sie französisch wurden. Die beiden links von der Uebersicht der Sprachgrenze stehenden Rubriken enthalten diese historischen Angaben für die französisch sprechenden, die beiden rechts stehenden Rubriken die entsprechenden Angaben für die deutsch sprechenden Ortschaften.[1]

---

[1] Für die historischen Notizen sind benutzt worden das oben bereits angeführte statistische Handbuch für Elsass-Lothringen p. 7 ff. und die historische Karte von Prof. Dr. Kirchner «Das Reichsland Lothringen am 1. Februar 1766.»

— 32 —

Uebersicht der Sprachgrenze.

Territorien, denen der Ort früher angehört hat	Mit Frankr. vereinigt i. J.	Gemeinden des französischen Sprachgebietes	Gemeinden des deutschen Sprachgebietes	Territorien, denen der Ort früher angehört hat	Mit Frankr. vereinigt i. J.
		Grenze Frankreichs	Redingen	Herzogtum Lothringen (Barrois)	1766
			Rüssingen	Herzogt. Lothringen (Barrois)	1766
Herzogtum Lothringen (Barrois)	1766		Deutsch-Oth	Grenze Luxemburgs	
Herzogt. Lothringen (Barrois)	1766		Oettingen		
	m. Hoch-Tettin 1820		Wollmeringen	Luxemburg	1680
Herzogt. Lothringen (Barrois)	1766	Bure	Noukeil	Herzogt. Lothringen (Barrois)	1766
Herzogt. Lothringen (Barrois)	1766	Tressingen	Ruxweiler	Luxemburg	1680
Herzogt. Lothringen (Barrois)	1766	Havingen	Arsweiler	Luxemburg	1659
Luxemburg	1680	Fentsch	Algringen	Luxemburg	1659
Luxemburg	1659	Nilvingen			
Luxemburg	1659	Marspich	Volkringen	Luxemburg	1659
			Bann Weimeringen	Luxemburg	1659
Luxemburg	1659		Susingen		
Luxemburg	1659		Schremingen		
			Flörchingen	Luxemburg	1659
Herzogt. Lothringen (Barrois)	1766	Ober- Nieder- Remelingen			
Luxemburg	1659		Ebingen	Luxemburg	1659
		Fameck			
Luxemburg	1659		Uekingen		
Luxemburg	1680	Reichersberg	Bertringen	Luxemburg	1680
			Nieder- Geuingen	Luxemburg	1680
Luxemburg	1680		Ober- Buss		
			Gelingen	Luxemburg	1680
Luxemburg	1680	Rorchingen	Scheil	Luxemburg	1680
Luxemburg	1680	Monterchen	Kirsch b. Lüttingen	Luxemburg	1680
Luxemburg	1680	Mancy			
Herzogt. Lothringen	1661	Altdorf	Lüttingen	Luxemburg	1680
Herzogt. Lothringen	1661	Endorf	Bidingen	Herzogt. Lothringen	1661
			Bann Ebersweiler	Herzogt. Lothringen	1766
			Pieblingen	Herzogt. Lothringen	1766
Herzogt. Lothringen	1766	St. Bernard	Drechingen	Herzogt. Lothringen	1766
Herzogt. Lothringen	1766	Villers-Bettnach	Buchingen	Herzogt. Lothringen	1766
Bistum Metz	1552	Brittendorf	Rederchen	Bistum Metz	1552
Herzogt. Lothringen	1766	Niedingen	Mengen	Herzogt. Lothringen	1766
Herzogt. Lothringen	1766	Epingen (Charleville)	Gehnkirchen	Herzogt. Lothringen	1766

Uebersicht der Sprachgrenze.

Territorien, denen der Ort früher zugehört hat	Mit Frankr. vereinigt i. J.	Gemeinden des französischen Sprachgebietes	Gemeinden des deutschen Sprachgebietes		Territorien, denen der Ort früher zugehört hat	Mit Frankr. vereinigt i. J.
Bistum Metz	1552		Heinkingen			
			Brechlingen		Herzogt. Lothringen	1766
			Volmeringen	Nied.-Ebene	Herzogt. Lothringen	1766
Herzogt. Lothringen	1766		Northen			
Herzogt. Lothringen	1766		Contchen			
			Lauterningen		Herzogt. Lothringen	1766
			Helsdorf		Luxemburg	1769
Herzogt. Lothringen	1766	Waibelskirchen	Bruchen		Luxemburg	1769
Luxemburg	1769	Wiehlingen	Bizingen		Luxemburg	1769
Luxemburg	1769		Morlingen		Herzogt. Lothringen	1766
			Bingen			
			Zondringen		Herzogt. Lothringen	1766
Luxemburg	1769	Rollingen				
			Füllingen		Herzogt. Lothringen	1766
Luxemburg	1769	Silbernachen				
			Gänglingen		Bistum Metz	1552
Herzogt. Lothringen	1766	Hemilly				
			Elwingen		Herzogt. Lothringen	1766
Herzogt. Lothringen	1766	Argenchen	Kriechingen		Grafsch. Kriechingen (Oberrh. Kreis)	1793
Herzogt. Lothringen	1766	Niederum	Maiweiler		Herzogt. Lothringen	1766
			Bann Falkenberg		Herzogt. Lothringen	1766
Herzogt. Lothringen	1766	Chémery				
			Edelingen		Herzogt. Lothringen	1766
Herzogt. Lothringen	1718	Thonville				
			Einschweiler		Herzogt. Lothringen	1766
Herzogt. Lothringen	1718	Nieder-Sülzen				
Herzogt. Lothringen	1766	Ober-Landorf	Weiler		Herzogt. Lothringen	1766
Herzogt. Lothringen	1766					
			Beningen		Herzogt. Lothringen	1766
			Harprich		Herzogt. Lothringen	1766
Bistum Metz	1552	Baronweiler				
			Mörchingen		Herzogt. Lothringen	1766
Herzogt. Lothringen	1766	Rode				
Herzogt. Lothringen	1766	Pewingen				
Herzogt. Lothringen	1766	Metzing	Rakringen		Herzogt. Lothringen	1766
Herzogt. Lothringen	1766	Conthil				
			Rodalben		Herzogt. Lothringen	1766
Herzogt. Lothringen	1766	Zarbeling mit Liedersingen				def.
Herzogt. Lothringen	1766		Bermeringen		Bist. Metz u. H. Lothr.	1766
		Bensdorf	Virmingen		Herzogt. Lothringen	1766
Bistum Metz	1552					
Herzogt. Lothringen	1766	Vahl	Neufvillage		Herzogt. Lothringen	1766
Herzogt. Lothringen	1766	Montdidier				
			Leiningen		Herzogt. Lothringen	1766
Bistum Metz	1552	Albesdorf				
			Givrycourt		Bistum Metz	1552
Herzogt. Lothringen	1766	Dorsweiler				
			Münster		Herzogt. Lothringen	1766
Herzogt. Lothringen	1766	Geinslingen	Lohr		Herzogt. Lothringen	1766
Herzogt. Lothringen	1766	Losdorf				

Territorien, denen der Ort früher zugehört hat	Mit Frankr. vereinigt i.J.	Uebersicht der Sprachgrenze. Gemeinden des			Territorien, denen der Ort früher zugehört hat	Mit Frankr. vereinigt i.J.
		französischen Sprachgebietes.		deutschen		
Herzogt. Lothringen	1766		Kuttingen	Lauterfingen	Herzogt. Lothringen	1766
Herzogt. Lothringen	1766		Rohrbach			
				Bann Mittersheim	Herzogt. Lothringen	1766
Herzogt. Lothringen	1766		Angweiler			
Herzogt. Lothringen	1766		Bisping	Berthelmingen	Herzogt. Lothringen	1766
Bistum Metz	1552		Disselingen	St. Johann v. Basel	Bistum Metz	1552
Bistum Metz	1552		Freiburg	Gosselmingen	Herzogt. Lothringen	1766
Bistum Metz	1552		Rodt	Langd m.Stockhaus	Herzogt. Lothringen	1766
Herzogt. Lothringen	1766	Kirchberg a. Wald				
Herzogt. Lothringen	1661	BannBebing|Saarburg mit Gehöften			Herzogt. Lothringen	1661
Herzogt. Lothringen	1661		Imlingen	Bühl	Herzogt. Lothringen	1766
Bistum Metz	1552		Hessen	Schmeckenbusch	Herzogt. Lothringen	1766
				Bruderdorf	Herzogt. Lothringen	1766
Herzogt. Lothringen	1766		Nitting			
				Plaine de Walsch	Herzogt. Lothringen	1766
				Harzweiler	Herzogt. Lothringen	1766
Grafschaft Dagsburg	1801		Weiher			
				Biberkirch mit Dreibrunnen	Herzogt. Lothringen	1766
					Herzogt. Lothringen	1766
				Walscheid	Grafschaft Dagsburg	1801
Grafschaft Dagsburg	1801	Alberschweiler		Eigenthal	Grafschaft Dagsburg	1801
				Nonnenberg	Grafschaft Dagsburg	1801
				Thomusthal	Grafschaft Dagsburg	1801
		Lettenbach|Soldatenthal			Grafschaft Dagsburg	1801
Bistum Metz	1552		St. Quirin	Linie durch das Quirinthal nach dem Donon.		
Bistum Metz	1552		Türkstein			

DIE DEUTSCH-FRANZŒSISCHE
SPRACHGRENZE
IM ELSASS

nebst einer Karte und acht Zinkätzungen

VON

DR CONSTANT THIS.

STRASSBURG
J. H. ED. HEITZ (HEITZ & MÜNDEL)
1888.

DIE DEUTSCH-FRANZŒSISCHE SPRACHGRENZE
IM ELSASS.

Vorbemerkungen.

Vorliegende Arbeit bildet die Fortsetzung der vom Verfasser begonnenen Darstellung der deutsch-französischen Sprachgrenze.[1] Sie giebt die Resultate einer zum Zwecke der Feststellung der Sprachgrenze in Unter- und Ober-Elsass in den Monaten August, September und Oktober 1887 unternommenen Reise.

Bei den in der « deutsch-französischen Sprachgrenze in Lothringen » erwähnten einschlägigen Arbeiten[2] war übersehen worden ein Aufsatz von H. Kiepert, Die Sprachgrenze in Elsass-Lothringen, mit einer Karte.[3] Kiepert hat zum Teil auf Fusswanderungen, meist aber auf Grund der 1872 durch die reichsländischen Behörden veranstalteten Erhebungen jene

---

[1] Die deutsch-französische Sprachgrenze in Lothringen, nebst einer Karte, 1887. (Beiträge zur Landes- und Volkeskunde von Elsass-Lothringen. Heft I.)

[2] p. 5 und 6. Nabert's, « Ueber Sprachgrenzen insonderheit die deutsch-französischen in den Jahren 1844—1847 », ist erschienen als Beilage zum Jahresbericht der höheren Bürgerschule zu Hannover, 1856.

[3] Zeitschrift der Gesellschaft für Erdkunde zu Berlin. IX. Band, 1874, p. 307 ff.

Sprachgrenze festgestellt. Wir werden später sehen, in welchen Punkten vorliegende Arbeit von den Kiepert'schen Resultaten abweicht.

Auch jetzt noch bleibt für den Verfasser bei der Bestimmung der Sprachgrenze die Frage massgebend, wie weit französisches Patois in der Familie gesprochen wird. Als französisch, der Nationalität nach, müssen jedoch auch solche Orte angesehen werden, in denen meist kein Patois mehr gehört wird, weil es durch Handel und Industrie allmählich vor der französischen Verkehrssprache zurückgewichen ist, die das einzig brauchbare Verständigungsmittel darstellte für Gemeinden mit stark von einander abweichenden lothringischen Patois, mit denen sie in intensiveren Verkehr traten. Dies ist, z. B., der Fall bei Schirmeck und Vorbruck, die in regem Verkehr mit Saales, St-Dié und anderen südwestlich gelegenen Orten sich befinden, wo eine Spielart des Lothringischen geredet wird, die den Bewohnern von Schirmeck und Vorbruck nicht leicht verständlich sein konnte.

Was die natürliche Sprachgrenze im Elsass anbetrifft, so liegt hier eine schroffere Sprachscheide vor als in Lothringen. Eine scharfe Sprachgrenze bilden die höchsten Erhebungen der Vogesen für die Thäler der Fecht, der Thur und der Doller, wo das Gebirge, nach Westen und Osten steil abfallend, nach keiner Seite ein Vordringen begünstigte. Vom Donon bis zum Münsterthale gewährte die Bodenbeschaffenheit dem romanischen Elemente die Möglichkeit weiter abwärts vorzudringen, aber meist nur in die hohen Gebirgsthäler. Wo die Thäler sich erweitern, hatte das allemannische Element sich festgesetzt und blieb erhalten. So finden wir Romanen in dem oberen Weissthale und in dem Bechinethale, in den engen Thälern auf dem linken Ufer der Leber, in dem oberen Thale des Giessenbaches und in dessen engen Nebenthälern, und endlich im oberen Breuschthale mit seinen Nebenthälern.

Während, wie dies natürlich ist, die Allemannen nicht die engen Thäler hinaufgezogen sind, breiteten sich die Romanen,

welche in Lothringen auf einem Hochplateau wohnten, nach
Osten aus und stiegen weiter in die unbewohnten, oder doch
nur schwach bevölkerten engen Vogesenthäler hinab.

In das Breuschthal sind, zum Beispiel, die Romanen von
zwei Punkten aus vorgedrungen, von Raon-sur-Plaine - Grandfontaine und von St-Dié - Saales her. Beide Gruppen von Einwanderern, deren Patois sich in gewissen Hauptmerkmalen
unterschied, trafen in der Nähe von Rothau zusammen. Diese
Ansicht bestätigt uns die kürzlich erschienene treffliche Arbeit
von A. Horning, « Die ostfranzösischen Grenzdialekte zwischen
Metz und Belfort, mit einer Karte »,[1] aus welcher wir klar
ersehen, dass mit Rothau südwärts eine neue Dialektgruppe
beginnt. Auch die Bewohner jener Gegenden sind sich dieses
Unterschiedes bewusst.

In dem zwischen Lützelhausen und Schirmeck liegenden
Teile des Breuschthales ist eine natürliche Sprachgrenze nicht
zu erkennen. Hier wohnen im Thale Allemannen und Romanen
nebeneinander. Die Beschaffenheit des Terrains erklärt diese
Erscheinung nicht. Da kommt denn wohl ein geschichtliches
Moment in Erwägung. Sollten dahin nicht lothringische Kolonisten verpflanzt worden sein? Die Ortsnamen lehren uns, dass
hier ursprünglich eine allemannische Bevölkerung sass. Sehen
wir uns aber den Menschenschlag an, und hören wir dessen
Sprache, so haben wir meist Lothringer vom echten type
vosgien vor uns. Dass von Netzenbach - Wisch ab die Leute
sich selbst auch Lothringer nennen und eine bestimmte Abneigung gegen den Elsässer bekunden, dürfte nur in letzter
Linie in Betracht gezogen werden, um so mehr als hier andere
Beweggründe, z. B. administrativer Art, im Spiele sind.

Was endlich den südlichen Teil des Elsasses betrifft, den
Teil von den Vogesen bis zur Schweizer Grenze, so ist die
natürliche Sprachgrenze hier der ähnlich, die wir in Lothringen
gefunden haben. Die Grenze bilden zum Teil waldbedeckte

---

[1] Französische Studien. V Band.

Höhen, zum Teil (zwischen Menglatt und Pfetterhausen) grosse Wälder mit darin liegenden Weihern. Diese Höhen bilden auch meist die Wasserscheide für die nach Westen dem französisch sprechenden und nach Osten dem deutsch sprechenden Gebiete zufliessenden Gewässer.

Für Feststellung der Nationalitätengrenze verdient auch ein anderes Moment noch berücksichtigt zu werden, das hier nur berührt werden kann.

Die folgenden Bemerkungen über den Bau des Bauernhauses erheben keinen Anspruch auf eine erschöpfende Darstellung des Gegenstandes; sie dienen vielleicht dazu, zu weiteren Studien über das Haus anzuregen.

Die Bauart des Bauernhauses in dem von mir durchwanderten Gebiete ist vorwiegend die fränkische.[1] Allemannische Häuser, d. h. Häuser mit der Wohnung über dem Stalle, findet man nur da, wo jetzt noch Allemannen sitzen oder doch ursprünglich sassen. Dieses fränkische Haus zeigt mannigfache Spielarten. Wir finden Gebäude, die ganz aus Holz, und solche, die aus Steinen gebaut sind; Häuser, wo die lange Seite gegen den Hof, die Giebelseite gegen die Dorfstrasse, aber auch solche, wo die lange Seite gegen die Dorfstrasse gerichtet ist. Ferner sehen wir Häuser, wo Wohn- und Wirtschaftsgebäude nicht unter einem Dache, und solche, wo beide unter einem Dache vereinigt sind. Im ersteren Falle ist das Wirtschaftsgebäude entweder an das Wohnhaus angebaut, oder es steht im rechten Winkel zum Wohnhause, welches alsdann die Giebelseite des Hauses immer nach der Strasse gerichtet hat.

Ganz von Holz sind im allgemeinen die Gebäude von Ober-Sulzbach (Kreis Thann) bis zur Schweizer Grenze. Die Gefache der Balken sind mit zaunartigem Flechtwerk ausgefüllt, welches

---

[1] Ueber die Namen der deutschen Häuser vgl. Meitzen, Das deutsche Haus in seinen volkstümlichen Formen.

mit Lehm überworfen ist. Seltener ist das Wohngebäude aus Steinen aufgebaut (z. B. in Ottendorf, Luffendorf, Winkel). Man hält den Holz-Lehmbau für wärmer.

Eine Mischung von Holz- und Steinbau, wobei letztere Bauart vorwiegt, treffen wir an von Ober-Sulzbach bis ins Münsterthal, wo auch öfters allemannische Häuser vorkommen. Nur Steinbau haben wir vom Weissthale bis in das Breuschthal.

Wir finden überall die übliche Dreiteilung des Wohnhauses.

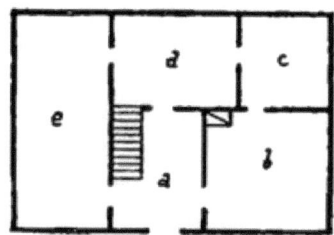

Treten wir in das Haus, so gelangen wir zunächst auf den Hausflur a, durch die Thüre rechts in die Wohnstube b. Ein oder zwei Fenster gehn nach der Langseite, eines nach der Giebelseite. An der Küchenwand befindet sich der Ofen, welcher von der Küche aus geheizt wird. Von der Wohnstube führt eine Thüre nach der Kammer c, die meist Schlafstätte und durch eine Thüre mit der Küche d verbunden ist. Die der Hausthüre gegenüberliegende Thüre führt in die Küche d. Von dem Hausflure und von der Küche führt links je eine Thüre in die Vorratskammer e. Vom Hausflure führt links eine Treppe in das obere Stockwerk.

Umgekehrt kann auch die Wohnstube sich links und die Vorratskammer rechts befinden. Bei Häusern mit der Giebelseite gegen die Strasse liegt natürlich die Wohnstube immer nach dem der Dorfstrasse zugewendeten Giebel.

Bei kleineren Häusern bilden b und c meist einen Wohnraum, und öfters sind auch Flur und Küche nicht getrennt.

Das Wohnhaus bildet entweder ein Gebäude für sich, oder es befindet sich unter einem Dache mit Stallung und Scheune, ist aber alsdann durch eine Wand von letzteren getrennt.

Wo wir fast nur Holzbau antreffen, d. h. von der Schweizer Grenze bis Ober-Sulzbach, ist das Wohnhaus vollständig von dem Wirtschaftsgebäude geschieden. Das Wohnhaus ist mit seiner Giebelseite gegen die Strasse gerichtet. Stallung und Scheune stehen im rechten Winkel dazu oder sind an das Wohnhaus angebaut, wobei die Stallungen der Wohnung zunächst liegen. Im letzteren Falle ist das ganze Haus oft mit der Langseite gegen die Dorfstrasse gerichtet, z. B. in Offendorf, Winkel. Auf dieser ganzen Strecke sehen wir noch sehr viele Fenster mit Butzenscheiben.

Von Ober-Sulzbach bis ins Münsterthal sind Wohnung und Wirtschaftsgebäude meist unter einem Dache, und zwar in der Reihenfolge Wohnung, Stallung, Scheune. Noch ist die Giebelseite des Hauses gegen die Dorfstrasse gerichtet, aber auch schon öfters die Langseite.

Vom Weissthale ab bis in das Breuschthal sind die Häuser aus Stein gebaut, und Wohn- und Wirtschaftsgebäude befinden sich unter einem Dache, aber in der Reihenfolge Wohnung, Scheune, Stallung. An den Stall schliesst sich oft noch ein Schuppen an zur Unterbringung des Holzes und der Wagen im Winter. Die Giebelseite ist nicht mehr gegen die Dorfstrasse gerichtet. Es fällt der Vorratsraum c meist weg; im übrigen bleibt die Einrichtung der Wohnung, wie sie oben beschrieben ist.

Die vordere Ansicht eines Bauernhauses ist: $A =$ Wohnung, $B =$ Scheune, $C =$ Stallung, $D =$ Schuppen.

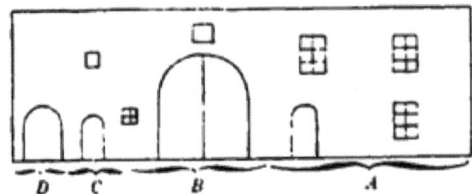

Der Grundriss ist folgender:

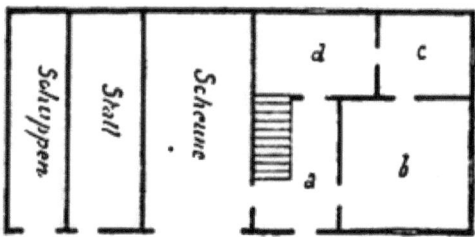

Über dem Scheunenthor ist gewöhnlich ein Rundbogen, neuere Häuser haben einen Querbalken. Über dem Stalle befindet sich der Futterboden.

Ein Haus in Urbeis (Orbey, Kreis Rappoltsweiler) mit der Jahreszahl 1707 hat folgende Vorderansicht:

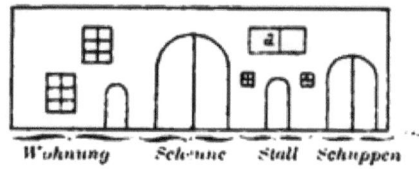

Hier ist der Unterschied, dass das Futter von aussen durch die Öffnung *a* hineingebracht wird.

Von obiger Bauart unterscheidet sich die Einrichtung des Bauernhauses in Lothringen.[1] Dort sind die Häuser meist aus Steinen eng aneinander gebaut. Die Vorderseite, die Seite, welche man bei minder tiefen Häusern Langseite nennt, ist immer gegen die Dorfstrasse gerichtet; Wohnung und Wirt-

---

[1] Vgl. auch Fr. W. Tonssaint, Deutsch-Lothringen und sein Ackerbau. Metz, 1875, p 90 u. 91. Das Buch enthält sehr richtige Beobachtungen über die Lebensweise des lothringischen Bauern.

schaftsgebäude befinden sich unter einem Dache in der Reihenfolge Wohnung, Stallung, Scheune.

Vorderansicht.

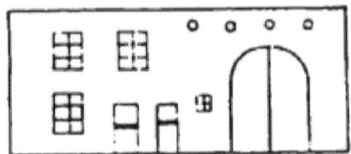

Grundriss.

Treten wir durch die Vorderthüre in das Haus, so gelangen wir auf den engen Flur *a*, welcher, durch die ganze Tiefe des Hauses sich hinziehend, durch die Hinterthüre in den an das Haus anstossenden Gemüsegarten führt. Von dem Flur gelangen wir links in die Küche *b*, von dort führt eine Thüre links in die Wohnstube *c* und eine andere rechts in die Kammer *d*. Die Küche wird durch den Rauchfang erhellt. In der Wohnstube befindet sich an der Küchenwand der Ofen c^1, rechts vom Fenster der Familientisch c^2 und links das Ehebett c^3. Von der Küche gelangen wir durch eine Treppe in das obere Stockwerk, wo der Vorratsraum ist, und durch eine andere Treppe in den Keller; letztere Treppe befindet sich oft noch in der Wohnstube. Von dem Flure führt rechts eine Thüre in die

Backkammer *e*, der Küchenthüre gegenüber eine andere in den Stall *f* und aus diesem eine Thüre in die Scheune *g*.

An der Giebelseite sind, da Haus an Haus gebaut ist, keine Fenster, nicht einmal, wenn die Giebelseite frei steht.

Sehr oft fehlt die Backkammer und dehnt sich der Stall aus bis an die hintere Seite des Hauses. In diesem Falle nimmt der Backofen *h* einen Teil der Kammer ein und die Öffnung desselben geht nach der Küche.

Wir erhalten folgenden Grundriss:

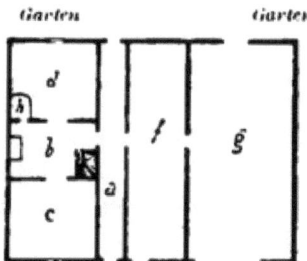

In kleineren Häusern fehlt auch der Flur. Wir treten in das Haus durch die Scheune *g*, von dort in die Küche *b* und

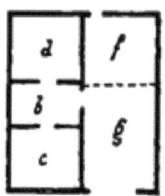

in den Stall *f*, von welchem aus eine Hinterthüre in den Garten führt.

Es erübrigt uns noch einige Bemerkungen über die Zusammensetzungen mit «rupt» und «goutte» und deren Bedeutung vorauszuschicken. Wir begegnen diesen Zusammensetzungen in den französisch sprechenden Teilen der Vogesen sowohl auf der östlichen als auf der westlichen Seite. Solche Zusammensetzungen sind: Fréconrupt, Blancherupt, Ranrupt, Fonrupt, Schnarupt, Fenarupt, Fertrupt; Hautes Gouttes, Riangoutte, Rougigoutte, etc., und die einfachen Goutte und les Gouttes. Ueberall da, wo «rupt» vorkommt, erscheint auch «goutte». Wenn man an Blancherupt = Bliensbach, Fertrupt = Fortelbach, Faurupt = Starkenbach, Noirrupt (Bächlein aus dem Schwarzen See in die Weiss fliessend) = Schwarzbach, Blancrupt (Weiler, Gem. Urbeis) = Weissbach denkt, so erkennt man leicht, dass «rupt» dem «Bach» entspricht, wie auch das Wort für sich in dieser Bedeutung im Patois vorkommt. Dasselbe ist von rogium oder rivus abzuleiten [1] und sollte «ru» geschrieben werden, welche Schreibung neben «rux» in Urkunden [2] vorkommt. Die Schreibung «rupt» finden wir erst sehr spät, sie rührt von einer falschen Etymologisierung her. (Ebenso wäre Faurupt, Gem. Diedolshausen, = Starkenbach der richtigen Etymologie gemäss Forru oder mit Vereinfachung Foru zu schreiben.)

Die Zusammensetzungen mit «goutte» bezeichnen meist Bächlein, so Bestigoutte, Danigoutte, Harangoutte, Rougigoutte, welche Zuflüsse der Rumbäche sind, u. a. Goutte = patois gǫt' [3]

---

[1] Vgl. dazu Grœber, Miscellanea di Filologia, p. 48, und Horning, Zeitschrift für roman. Philol., IX, 510.

[2] Vgl. Stoffel, Topographisches Wörterbuch des Ober-Elsasses.

[3] Die bei Patoiswörtern und Patoisnamen angewandten Zeichen haben folgenden Lautwert:

a) Vokale.

ā = langes a in âge.
a = kurzes a in combat.
ã = langer Laut des englischen ă in man.
ã = a-Nasal in an.
ę̄ = offenes langes e in mère.
ę = offenes kurzes e in bel.
ē = geschlossenes langes e in gelée.
ēⁱ = derselbe Laut wie ē mit kurzem i - Nachklang.
e = geschlossenes kurzes e in serai.
ə = kurzer e-Laut in besoin

ist wohl nichts anders als das französische goutte = Tropfen.[1]

ẽ = e-Nasal in v*in*.
ī = langes i.
i = kurzes i.
ǫ = offenes kurzes o in fol.
ō = geschlossenes langes o in r*o*se.
o = geschlossenes kurzes o in *au*ssi.
õ = o-Nasal in b*on*.
œ̣ = Tonvokal in s*eu*l.
œ = Tonvokal in h*eu*r*eu*x.
u = Tonvokal in p*ou*r.
ǖ = langer ü-Laut in j*u*re.
ü = kurzer ü-Laut in j*u*ste.
' = Zeichen des Ausfalls eines stummen oder dumpfen e (ę).

b) Halbkonsonanten.

w = Laut des englischen w.
j = tonloser j-Laut in „j*eder*", stehend hinter einem harten Konsonanten.
y = tönender j-Laut, entsprechend dem franz. y in *payer*, stehend hinter einem tönenden Konsonanten oder einem Vokale.

c) Konsonanten.

k = Laut des c in *c*ar.
g = Laut des g in *g*arçon.
χ = ch-Laut vor a oder o, tief in der Kehle gesprochen, etwa dem schweizerischen entsprechend.
'h = der entsprechende tönende Laut des χ, etwa gleich dem deutschen „h".
χ' = Laut des ch in i*ch*.
s = tonloser s-Laut in *s*abre.
š = Laut des franz. ch (chêne).
ž = Laut des franz. j (jour).
ñ = Laut *gn* in compa*gn*on.

Die übrigen Zeichen entsprechen in ihrem Lautwerte dem Französischen.

[1] Oder ist es möglich, «goutte» in Zusammenhang zu bringen mit dem im Schwarzwalde in Verbindungen vorkommenden «Kutt»? Vgl. dazu «Strassburger Post» vom 6. August 1887, zweites Blatt — E. Goguel nimmt in den wenigen eigenen Bemerkungen zu seiner Übersetzung der Nabert'schen Schrift (Revue d'Alsace, 1859) «goutte» fälschlich für das deutsche «Gut».

Das bei Urbeis (Kanton Weiler bei Schlettstadt), St. Kreuz, Markirch, Zell vorkommende (richtig so zu schreibende) Faite ist nichts anders als fastigium = First, Gebirgsrücken. Es ist falsch, wenn wir Fête geschrieben sehn und in Urkunden[1] daneben Feste, Feite lesen.

Ich teile nun auf den nachfolgenden Blättern die an der Sprachgrenze von mir gemachten Erhebungen zugleich in Verbindung mit Beobachtungen über das elsässische Bauernhaus mit.

Die den Namen der Ortschaften in Klammern beigefügten Namen sind die Bezeichnungen des französischen Patois.

[1] Vgl. Stoffel a. a. O.

I. UNTER-ELSASS.

1. KREIS MOLSHEIM.

a. Das Breuschthal.

Urmatt

ist vollständig deutsch. Schule, Predigt und Kinderlehre sind ebenfalls deutsch. Wir finden dort eine Mischung von fränkischen und allemannischen Häusern, aber die fränkische Bauart ist vorwiegend. Oft befindet sich die Treppe zum oberen Stockwerke neben dem Hause.

Lützelhausen.

In Lützelhausen hörte ich gewöhnliche Leute auf der Strasse und in Wirtschaften deutsch, französisch und auch patois sprechen. In Urmatt sagt man, dass in Lützelhausen meist deutsch gesprochen werde, auch französisch und etwas patois. Auch in Schirmeck wird von Lützelhausen gesagt, es sprächen dort fast alle Leute deutsch. Ebenso heisst es in den umliegenden französischen Ortschaften, dass Lützelhausen zum grössten Teile deutsch sei; einige Familien nur seien französisch. Es wird ein Patois gesprochen, welches sich ganz sonderbar anhört, so dass die umliegenden französischen Ortschaften mit Recht behaupten, man erkenne den Lützelhauser überall an seiner Sprache. In Mühlbach heisst es, dass in Lützelhausen fast alle Leute deutsch sprechen können, wenn man mit ihnen

spricht. Es seien sehr wenige Leute dort, die kein Deutsch
könnten; aber die Meisten sprächen nicht deutsch. Eine
Mischung der Bevölkerung ist vorhanden. Zu dieser Mischung
scheinen die Fabriken beigetragen zu haben.

Die Kinder kommen daselbst in die Schule und können
nichts gut sprechen, weder deutsch, noch französisch, noch
patois. Die Predigt und die Kinderlehre sind französisch.

Auf dem Kirchhofe sind die Aufschriften alle französisch,
doch sind die Namen etwa ²/₃ deutschen und ¹/₃ französischen
Ursprungs. Die romanischen Namen sind dieselben, welche in
den französisch sprechenden Orten des Thales vorkommen;
einige Leute sind eingewandert. Aus den Aufschriften ersieht
man, dass Elsässer und Lothringer sich untereinander verheirateten. Sehr oft kehren Namen wie Oulman, Schuler, Eigle
wieder. Interessant ist eine Inschrift aus dem Jahre 1815, auf
welcher folgendes steht: Ici repose Elisabeth Sheiber, éboux de
Ygnaies Herman. Auch die Schilder auf den Häusern tragen
meist direkt deutsche Namen.

In dieser Beziehung ist Lützelhausen mit Albesdorf in Lothringen zu vergleichen, wo fast zu gleichen Teilen beide Elemente
vertreten sind, freilich so, dass in Lützelhausen das deutsche
Element etwas vorwiegt.

Mühlbach (Męlbę)

ist vollständig deutsch. In einer Wirtschaft konnte, z. B., die
Frau beinahe kein Französisch.

Netzenbach (Natsęhǫ).

In diesem Annex von Lützelhausen wird Patois gesprochen.
Von hier an nennen sich die Leute auch nicht mehr Elsässer.
Ich fand dort zwei kleinere Häuser mit der Wohnung über
dem Stalle. An einem der letzten Häuser nach Lützelhausen zu
steht ein Kreuz in deutscher Sprache, welches errichtet worden

ist im März 1812 von Joseph Gros aus Mühlbach für seinen an dieser Stelle durch Messerstiche ermordeten Sohn.

Wisch (Viχ)

spricht patois. Die Kirchhofaufschriften sind alle französisch. Freilich ist eine Anzahl rein deutscher Namen darunter; aber die alten Aufschriften, welche bis in das Jahr 1734 zurückreichen, enthalten französische Namen. Am öftesten kehrt der Name Charton wieder.

Hersbach (Hęršpǫ).

Dieser Annex von Wisch spricht patois. Vor einigen armen Häusern sprachen die Kinder deutsch. Die Kirchhofaufschriften sind alle französisch, gehen aber nicht über die Mitte dieses Jahrhunderts hinaus. Wenige Namen sind direkt deutsch. Eine Nebengasse daselbst heisst gǫs' = Gasse, was wohl ein Beweis dafür ist, dass der Ort ursprünglich deutsch war.

Russ (Ris).

Der Ort spricht patois. Kinder und erwachsene Leute sprachen auf der Strasse patois. Die Leute sprechen nur patois und französisch. Etwa 3 Familien, welche aus deutschen Teilen eingewandert sind, sprechen deutsch. Die Aufschriften auf dem Kirchhofe, von denen die älteste aus dem Jahre 1741 ist, sind alle französisch. Am Eingange des Dorfes von Hersbach her steht rechts von der Kapelle ein Kreuz mit französischer Inschrift aus dem Jahre 1786 errichtet par le sieur Nicolas Charton (vgl. Wisch), prévôt de la prévôté de Russ. Ebenso steht an dem Wege zwischen Russ und Steinbach etwa 100 Meter von Russ entfernt ein Kreuz aus dem Jahre 1733 mit französischer Inschrift.

Der obere Teil des Dorfes heisst Heydey (ebenso in Lützelhausen). Dies bedeutet offenbar «Höhe», wie im deutsch sprechenden Lothringen Höhe = hē'id'n ist.

Schwartzbach (Šwarsbǫ).

Dieser Annex von Russ ist vollständig deutsch. Eben deswegen wurde wohl von Kiepert Russ selbst als vorwiegend französisch mit deutscher Mischung bezeichnet.

Steinbach (Štēbę).

Dieser kleine Annex von Russ (4 Häuser) spricht patois.

Barenbach (Bęrēbę).

In diesem Orte wird patois gesprochen. Die Kirchhofaufschriften sind alle französisch; die älteste stammt aus dem Jahre 1767. Die Bevölkerung wird in der Umgegend als ein eigenartiger, ziemlich grober Menschenschlag bezeichnet.

Schirmeck (Šęrmęk) und Vorbruck (Labrǫk).

In Schirmeck, ebenso wie in Vorbruck, wird meist französisch gesprochen. Ausser den Beamtenfamilien sind in Schirmeck noch etwa 8, in Vorbruck etwa 10 deutsch sprechende Familien. Die zum ersten Male in die Schule kommenden Kinder sprechen, abgesehen von den Kindern der deutsch sprechenden Familien, nur französisch, einige auch patois. In *Vipucelle*, einem Teile von Vorbruck, wird noch meist patois gesprochen. Die Inschriften auf den Kirchhöfen von Schirmeck und Vorbruck sind alle französisch, abgesehen von einigen wenigen jüngeren Datums von Beamtenfamilien. Die Namen sind auch meist nicht deutschen Ursprungs. In dem ganzen Thale von Wisch bis Rothau sind die Namen fast immer dieselben: Charton, Douvier, Marchal, u. s. w. Auch von Namen deutschen Ursprungs kehren manche oft wieder.

In der Kirche von Labroque befindet sich links neben der Kanzel in die Mauer eingelassen ein Stein mit französischer Aufschrift aus dem Jahre 1719; auf demselben heisst der Ort Labroc en Lorraine.

Das zu Schirmeck gehörende *Wackenbach* (Vǫkęnu) hat patois. Ebenso reden patois die zu Labroque gehörenden Weiler *Vipucelle, Maison-Neuve, La Claquette, Albet* (Ǫlbę), *Fréconrupt, Vacquenoux*. Wir treffen in diesen Ortschaften, besonders in Albet und Fréconrupt, den echten type vosgien an.

Salm, Quevelles (mit Ausnahme von 2 Familien), *Hof Malplaquet* sind von deutsch sprechenden Mennoniten bewohnt. Auch in dem in der Nähe von Quevelles liegenden, zur Gemeinde Plaine gehörenden Weiler *Bambois* sind Angehörige dieser Sekte; ferner ist von Salm vor nicht langer Zeit eine Familie nach Schirmeck verzogen, wo sie Milchwirtschaft betreibt. Ausserdem wohnen noch Mennoniten auf dem Gehöfte *Grand-Pré* (Gem. Grandfontaine) und etwa 3 Familien in *Hautfourneau* (Gem. Grandfontaine). Dieselben halten sich einen Lehrer, welcher in Quevelles ist. In Salm lebt der frühere erste Vorsteher dieser Wiedertäufer, Namens Augsburger. Andere Familiennamen in Salm sind: Adam, Beller, Hung, Meckert, Schlabach. Die Gehöfte bleiben in der Familie und werden nur an Familienmitglieder verpachtet. Es befinden sich in dieser Gegend im ganzen ungefähr 20 Mennonitenfamilien mit etwa 100 Seelen.

Grandfontaine.

Der Ort mit den dazu gehörenden Weilern *Framont, Hautfourneau, Minières* und den Gehöften spricht patois, wobei wir von den unter Schirmeck bereits erwähnten deutsch sprechenden Mennoniten absehen. Der Ort liegt sehr zerstreut. Wir treffen eine grosse Anzahl abgerissener Häuser an, besonders in Les Minières. Der Menschenschlag ist lothringisch. Die Kirchhofaufschriften sind alle französisch. Die Namen sind meist romanischen, einige wenige deutschen Ursprungs; zu der letzteren Gattung gehört Stieffatre, wohl auch Peck. (Diesen Namen treffen wir auch in Lützelhausen an.)

Rothau (Rot).

Die Mehrzahl der Bevölkerung spricht französisch, weniger patois. Ausser Beamtenfamilien sollen noch etwa 20 Familien elsässischer Abkunft, welche deutsch sprechen, in dem Orte wohnen. Die deutsch sprechende Bevölkerung ist wohl früher weit grösser gewesen. Mehrere Schilder führen deutsche Namen. Rothau ist der erste Ort, in welchem Protestanten wohnen, und zwar ist die protestantische Bevölkerung ungefähr in gleicher Stärke wie die katholische vertreten. Die Protestanten sind wohl eingewandert; sicher sind es die protestantischen Fabrikherren. Für eine derartige Einwanderung spricht folgender Umstand. Der Kirchhof in Rothau ist in zwei Hälften geteilt mit gemeinschaftlichem Eingange. Auf der rechten Hälfte werden die Katholiken, auf der linken die Protestanten begraben. In beiden Teilen findet man nur wenige Denkmäler mit deutscher Aufschrift. Auffällig ist aber, dass auf dem protestantischen Teile die Namen meist rein deutschen Ursprungs sind, was auf dem katholischen Teile nicht der Fall ist. Rothau bildet den Übergang zum Steinthale.

b. Das Steinthal.

Das Steinthal, frz. le Ban-de-la-Roche, besteht aus den Ortschaften *Fouday* (Fuda) mit *Trouchy*, *Solbach* (Solbę), *Wildersbach* (Vildiχbǫ),[1] *Neuweiler* (Nyęvilę) mit *Riangoutte*[2] und *Haute-Goutte*, *Waldersbach* (Vaχtrępę), *Belmont* (Bęmō) mit *Bambois* und *La Hutte*, *Bellefosse* (Bęfūs').

Diese Ortschaften sprechen alle patois. Es ist ausser Rothau die einzige patois resp. französisch sprechende protestantische

---

[1] In «Billing, Geschichte und Beschreibung des Elsasses. Basel, 1782» heisst Wildersbach auch Wittisbach, Haute-Goutte Oberrothau, Waldersbach Vachtersbay.

[2] «Riangoutte oder Ringelsbach» in «J. Baquol, L'Alsace ancienne et moderne. Strasbourg, 1851».

Bevölkerung des Elsasses. Man erzählt in der Gegend darüber folgendes. Infolge von Krieg (30 jährig.) und Pest sei die ganze Bevölkerung ausgestorben gewesen. Es seien nur noch ein Mann und eine Frau (Catherine Mila) in Fouday geblieben. Diese Frau habe der Kirche zu Fouday eine Wiese geschenkt, die jährlich vier Wagen Heu eintrage. Die ausgestorbene Bevölkerung sei ersetzt worden durch eine Colonisation aus Montbéliard und der Schweiz. Ferner wird noch erzählt: Die südlich vom Steinthale gelegenen Orte Colroy-la-Roche, St-Blaise-la-Roche und Bliensbach hätten ursprünglich auch zum Ban-de-la-Roche gehört und seien protestantisch gewesen. Der Herr von Bellefosse, Rathsamhausen, der in der Kirche von Fouday begraben liegen soll, habe einmal an einem Badeorte, es wird Baden-Baden genannt, beim Spiele derart verloren, dass er, um seine Schulden zu bezahlen, gezwungen gewesen sei jene drei Ortschaften zu verkaufen. Seit jener Zeit seien diese Ortschaften katholisch.

In den Ortschaften des Steinthales wird patois und französisch gesprochen. Aber es ist sonderbar, dass so viele direkt elsässische Wörter in dem Patois vorkommen. Etwa 50 solcher Wörter sind mir mitgeteilt worden; von diesen führe ich nur einige Beispiele an: bārędrāk = jus de réglisse, štrumpfvävœr = fouleur de bas, birhęf = levure, frasę̈i = manger en gourmand, hileⁱ = pleurer, rōtšëyn = refroidissement, šmuts = baiser, hāx = sorcière, häxęmęjštœr = maître sorcier, u. s. w.; ferner sagt man «ęrlés' lǫ» für «lâche-le».

Die Aufschriften der Kirchhöfe sind alle französisch. Es finden sich aber keine alten Denkmäler. Nur in Fouday befindet sich in der Kirche ein alter Grabstein mit einer kaum noch lesbaren Inschrift.

Das zu Neuweiler gehörende Haute-Goutte heisst in dem dortigen Patois »ha ę lę köt' = en haut à la côte«; in Wildersbach wird der zu Belmont gehörende Weiler Bambois «Freudeneck» genannt. Zu Wildersbach gehören einige Häuser und

Gehöfte, die «Perheux» genannt werden. Man erzählt daselbst, auf jener Höhe seien du temps des ours Bären gewesen. Darnach wäre Perheux eine Entstellung des deutschen Wortes «Bärenhöhe».

Im Steinthale, besonders in Wildersbach, wird von den Kindern ein französisches Lied gesungen mit einem Refrain, welcher entstelltes Deutsch darstellt. Seine Bedeutung kennt man dort nicht mehr. Der Anfang des Refrains «Ẹ họmfœ̨r kọm, ẹ kọm dọ här» ist das Deutsche: «He! Jungfer, komm, he! komm daher.»

Natzweiler.

Natzweiler, welches von Neuweiler nur durch einen Bach getrennt ist, ist vollständig deutsch und katholisch. Es giebt keine Familien daselbst, welche nicht Deutsch sprächen. Dass Natzweiler vollständig deutsch blieb, rührt daher, dass es zum Bistum Strassburg gehörte, während das Steinthal Eigentum der protestantischen Herren zum Stein war. Da die Bewohner von Natzweiler keinen Verkehr mit den nahe liegenden französisch sprechenden Ortschaften hatten, deutsch katholische Ortschaften aber nicht in der Nähe waren, so waren sie vollständig auf den Verkehr unter sich angewiesen.

Auf der Strasse nach Rothau steht neben der Kapelle rechts ein Kreuz mit französischer und deutscher Inschrift aus dem Jahre 1869; am Eingange des Dorfes steht ein anderes doppelsprachiges aus dem Jahre 1823, auf welchem die deutsche Inschrift an erster Stelle ist. Die meisten Grabmäler auf dem Kirchhofe haben eine deutsche Aufschrift. Manche in französischer Sprache sind nicht frei von Fehlern.

Bliensbach (Byčśeri).

Dieser Ort hat eine Patoisbevölkerung.

Plaine (Pjęn').

Plaine, die dazu gehörenden Dörfer *Champenay* (Săpęna), *Diespach* (Dyęχpā), die Weiler *Devant-Fouday, Fosses, Poutay* (Puta) und die Gehöfte reden patois, ausser dem schon unter Schirmeck erwähnten Weiler Bambois mit 25 Einwohnern, welche deutsch sprechende Mennoniten sind. Das gesprochene Patois ist dasselbe wie in Saulxures, Saales, Bourg-Bruche, St-Blaise, Colroy-la-Roche, Ranrupt.

Saulxures (Sasīr')

mit den zu dieser Gemeinde gehörigen Weilern *Goutte, Gouttrangoutte* (im Patois lę bęs = les basses), *Grandroué, Lombas* und Gehöften hat patois. Die Kirchhofaufschriften sind, wie in Plaine, alle französisch. Links vom Kircheneingange ist ein Stein eingemauert, auf welchem von Schnörkeln umgeben die Jahreszahl 1587 steht.

Die jungen Leute beiderlei Geschlechts arbeiten alle in französischen Fabriken. Sie gehen am Sonntag Abend fort, indem sie ihr Essen, welches zumeist aus Kartoffeln besteht, für die ganze Woche mitnehmen, und kehren am Samstag Abend zurück.

St-Blaise (Sę̄ Byāχ'),

Colroy-la-Roche (Kōrǫ lę Rǫš'), *Ranrupt* (Rārə) mit Weilern und Gehöften sprechen patois. Das zu Ranrupt gehörige *Mettimpré* heisst in der Gegend « Ętimpre ». Die Kirchhofaufschriften sind alle französisch.

In dem Patois dieser Ortschaften findet man auch einige deutsche Wörter, weit weniger aber als in dem Steinthale, z. B.: byęrhęf = levure, frasēⁱ = manger en gourmand.

Bourg-Bruche (Brẹẓ lọ bọrg)

mit den Weilern *Bruche, Charasses, Paires* und den Gehöften *Alhan, Ardoise, Chalmeuche, Geligoutte, Grandroué* sind patois. In *Hang, Evreuil* und auf dem Hofe *Fraise* sind deutsch sprechende Mennoniten, zusammen etwa 120 Seelen.

Saales (Sōl')

mit Gehöften spricht patois.

In Saales, wie in allen an der Strasse Schirmeck-St-Dié liegenden Ortschaften, wird infolge des Verkehrs mehr oder weniger auch französisch gesprochen.

2. KREIS SCHLETTSTADT.

Das Giessenthal.

Steige (Stes̆').

Der Ort wird von Nabert für das Jahr 1844 als deutsch bezeichnet. Die Höfe *Architte, Bas-des-Monts, Mine, Roseprés, Woisslingoutte* aber sind dem Namen nach ursprünglich patois.

Heute ist er sicher französisch; man spricht vornehmlich patois. Etwa 50 Personen über 50 Jahre können deutsch. Ausserdem sind etwa 5 eingewanderte Familien in Steige, welche im Hause deutsch sprechen.

Die Kirchhofaufschriften sind alle französisch, bis auf ein altes Grabmal aus dem Jahre 1720 in deutscher Sprache. Die Namen auf den Kreuzen sind teils französischen, teils deutschen Ursprungs.

Der Ort ist in 4 Quartiere eingeteilt, von denen einer la gas' = Gasse genannt wird.

Auf einem nordöstlich vom Orte liegenden Gehöfte wohnt eine deutsch sprechende Mennonitenfamilie.

Die Möglichkeit der Romanisierung von Steige war durch seine Lage gegeben. Steige liegt in einem engen Thale, eigentlich an einem Abhange. Unten am Dorfe etwa 100 m hinter den letzten Häusern macht das Thal eine plötzliche Biegung und erweitert sich bedeutend.

Meisengott

ist der erste deutsch sprechende Ort in diesem Nebenthale des Giessens. Der dazu gehörige Weiler *Wagenbach* heisst in Steige Wåbaχ oder Wåbę.

Wir treffen hier neben der fränkischen Bauart allemannische Häuser mit Wohnung über der Stallung. Oft ist auch die Giebelseite des Hauses gegen die Dorfstrasse gerichtet, was in Steige noch nicht vorkommt.

Ferner sind vollständig deutsch *Breitenbach*, *St. Martin*, *Weiler*, ausserdem *Bassenberg*, *Neukirch* mit dem an das Dorf Breitenau anstossenden Weiler *Breitenau*, ferner *Diefenbach* mit *Hirtzelbach*, *Gereuth* und der zur Gemeinde Kestenholz gehörige Weiler *Wanzel*.

In allen diesen Ortschaften finden wir einige allemannische Häuser mit Stallung im Erdgeschoss und Wohnung darüber; auch ist öfters die Giebelseite des Hauses gegen die Strasse gerichtet. Die Gebäude sind oft ganz aus Holz gebaut.

Urbeis (Ęrpę).

Hier wird patois gesprochen. Auch in diesem Patois, ebenso wie in dem von Laach, Fouchy, sind einige deutsch-elsässische Wörter: Vasǫŗštēyn = évier, fǫrp' = couleur, bwǫb = garçon. Die Kirchhofaufschriften sind alle französisch. Am Eingange des Dorfes von Weiler her steht ein Kreuz aus dem Jahre 1689 mit französischer Inschrift.

Die Häuser, welche alle über dem Scheunenthor einen Rundbogen haben, tragen über dem Eingange die Jahreszahl der Erbauung. Die ältesten sind aus dem Jahre 1731, die meisten aber aus den Jahren 1778—1798; die übrigen sind späteren Datums. Auch die Kirche ist aus dem Jahre 1789.

Die zu Urbeis gehörenden Weiler und Gehöfte reden patois, ausser *Climont*, *Housserelle*, *Plaine-Dessus*, *Maison-Blanche*, *Schlague*, wo eine deutsch sprechende Bevölkerung wohnt. Diese Bevölkerung verteilt sich unter Wiedertäufer (Mennoniten), Lutheraner und Calvinisten. Sie haben auch drei verschiedene Kirchhöfe; der eine am südlichen Abhange des Climont, der zweite im Osten und der dritte im Norden des Climont in Evreuil (vgl. Bourg-Bruche); letzterer ist der Kirchhof der Mennoniten.

Laach (Lęla)

mit Weilern und Gehöften spricht patois. Der in dem Ortschaftsverzeichnis als « Beheu », auf der kleinen Generalstabskarte als « Abscheu » bezeichnete Hof wird « Ǫb'hǫɽ » genannt. Die Kirchhofaufschriften sind alle französisch.

Grube (Fouchy)

spricht patois mit den dazu gehörenden Weilern und Gehöften. Einige wenige deutsch sprechende Familien sind eingewandert. Auch in *Schnarupt* ist eine deutsch sprechende Pächterfamilie aus St. Kreuz im Leberthale. Die Aufschriften auf dem Kirchhofe sind alle französisch. Auf dem Wege nach Breitenau steht ein Kreuz mit französischer Inschrift aus dem Jahre 1731.

Breitenau.

Von diesem Orte sprechen nur patois der Weiler *Froide-Fontaine* und das Gehöft *Sèchegoutte* (*Aschigoutte* in dem Ortschaftsverzeichnisse). Der Ort selbst wird von den französisch sprechenden Ortschaften als ursprünglich ganz deutsch bezeichnet. Jeder soll in dem Orte sogar deutsch können. In sehr vielen Häusern wird auch deutsch gesprochen; im übrigen auch patois und französisch. Der erste Eindruck ist der einer deutschen Ortschaft. Das Patois ist ein Gemisch von deutsch-elsässisch, französisch und patois. Die Leute haben einen sonderbaren französischen Accent. Die Schule ist ganz deutsch, Predigt und Kinderlehre französisch.

Dieses Verhältnis erklärt sich wohl daraus, dass bis zum Jahre 1868 Breitenau keine Kirche, noch auch einen eigenen Kirchhof hatte, sondern die Einwohner nach dem patois sprechenden Fouchy in die Kirche gingen. Dieser häufige Verkehr mit Fouchy wird wohl den Ort französiert haben. Dass der auf der anderen Seite des Baches liegende, an Dorf Breitenau anstossende, zur Gemeinde Neukirch gehörende Weiler Breitenau nur deutsch spricht, erhellt aus dem Umstande, dass die dortigen Bewohner nach dem deutsch sprechenden Neukirch in die Kirche gingen.

Durch obiges Verhältnis wurde bewirkt, dass in dem Dorfe Breitenau kein Idiom richtig und rein gesprochen wird. Der Ort dürfte als gemischt bezeichnet werden, und zwar wenigstens als überwiegend französisch mit Rücksicht auf Froide-Fontaine und Séchegoutte und einige patois sprechende Familien in Breitenau selbst. Für den deutschen Ursprung spricht auch der Umstand, dass einige alte allemannische Häuser mit Wohnung über der Stallung sich vorfinden.

II. OBER-ELSASS.

1. KREIS RAPPOLTSWEILER.

a. Das Leberthal.

Deutsch-Rumbach.

Der Ort an sich, ohne Weiler und Gehöfte, mit ungefähr 1050 Einwohnern, ist sprachlich gemischt, aber so, dass die patois sprechende Bevölkerung überwiegt. Etwa $1/8$ spricht deutsch. Es sind viele Fabrikarbeiter aus deutschen Teilen eingewandert; ausserdem können die alten Leute von 70 Jahren noch etwas deutsch.

Dem Namen nach ist der Ort ursprünglich deutsch gewesen. Die deutsche Sprache ist später wohl dadurch verdrängt worden, dass die patois sprechende Bevölkerung des Gebirges nach Deutsch-Rumbach zog. Denn die Weiler und Gehöfte, welche sich bis zur französischen Grenze hinziehen, reden vollständig patois; nur in *La Hingrie* wohnt ein deutsch sprechender Pächter aus Markirch. Diese Weiler und Gehöfte haben auch französische Namen. Die Kirchhofaufschriften in Deutsch-Rumbach sind französisch; man findet aber auf denselben viele deutsche Namen. Ich sah in Deutsch-Rumbach 6 Häuser mit Wohnung über der Stallung, wobei die Treppe von aussen zur Wohnung hinaufführte.

Leberau.

Etwa ¹/₃ der Bevölkerung (ungefähr 750 Einwohner) ist deutsch; und zwar sitzt der deutsch sprechende Teil meist in Leberau selbst. Die Weiler und Gehöfte sprechen mit geringer Ausnahme vollständig patois, ausser *Spiémont*, wo Mennoniten, etwa 20 Seelen, sind. Von diesen heisst es, dass sie ihre Toten im Garten zu begraben und über dem Grabe jedesmal einen Baum zu pflanzen pflegten.

Der Schulunterricht ist zum Teil deutsch, zum Teil französisch. Etwa ¹/₄ der Kinder spricht deutsch, wenn sie zum ersten Male in die Schule kommen. Viele Gewerbtreibende (Wirte) und Arbeiter sind aus dem deutschen Teile eingewandert. Auf der Strasse hört man französisch, wenig patois, aber auch sehr oft deutsch sprechen.

Die Predigt ist französisch; für die nicht französisch sprechende Bevölkerung werden der französischen Predigt einige Worte in deutscher Sprache angefügt.

Die Kirchhofsaufschriften sind französisch; mehrere Namen auf denselben sind rein deutschen Ursprungs. Im Kirchhofe auf der rechten Seite der Kirche liegt ein 2,20 m langer und 1,10 m breiter Grabstein mit deutscher Inschrift. Es ist der Grabstein der Herren von Eckerich, welche in der Kirche als deren Gründer begraben worden waren. Die Inschrift besagt: «Hier liegen die von Eckeric im Gotteshaus.» Der Stein wurde später als Altarstein benutzt. Jetzt liegt er leider in ganz verwahrlostem Zustande auf dem Kirchhofe.

St. Kreuz.

Der Ort selbst ist fast ganz deutsch, etwa 1900 Einwohner. Dagegen sprechen die zur Gemeinde gehörenden im Gebirge liegenden Weiler patois.

In den ursprünglich ganz deutschen Ort sind wohl, durch die Fabriken und den Verkehr herbeigezogen, einige französisch

sprechende Familien aus dem Gebirge eingewandert. Man hört
sehr viel französisch, wenig patois sprechen, aber an der
Sprache schon ist leicht zu merken, dass das Deutsche die
Muttersprache ist. Predigt und Kinderlehre sind französisch.
Die Aufschriften auf dem Kirchhofe sind alle französisch; derselbe ist nicht alt. Die Namen sind zum grössten Teile rein
deutsch; man trifft wohl auch einige lothringische Familiennamen an.

Die bedeutendsten Weiler sind *Gross-Rumbach* und *Klein-
Rumbach*. In beiden lebt eine patois sprechende Bevölkerung,
ein ganz anderer Typus von Menschen als in St. Kreuz. In
Gross-Rumbach giebt es noch ganz alte Leute, welche deutsch
verstehen. Die Kinder können, wenn sie in die Schule kommen,
nur patois; die Eltern sprechen es meist mit ihnen. In Klein-
Rumbach, wo auch patois gesprochen wird, sind einige eingewanderte deutsch sprechende Arbeiter, welche in den Webereien
beschäftigt sind. Ich sah dort 2 Häuser mit Wohnung über
der Stallung.

Markirch.

Die Stadt an sich ist fast ganz deutsch; es sind darin
wohl wenige Familien, die nicht eigentlich deutschen Ursprungs
sind. Auf den meisten Schildern stehen unfranzösierte deutsche
Namen. Die frühere Unterscheidung zwischen dem lothringischen, französisch sprechenden Markirch auf dem linken Leber-
ufer und dem deutsch sprechenden auf dem rechten ist fast
vollständig verwischt. Einen Rest davon mag man noch darin
erkennen, dass in den auf dem linken Ufer sich befindenden
Weilern und Gehöften teilweise Patoisfamilien sitzen, so in
*Côte, Fenarupt, Klein-Leberau, Hergauchamps, Champ-de-
la-Chatte* (Katzenacker) *Grange-Johé, Gretschy, Haut-de-
Faite, Pfaffenloch, Wüstenloch*, im ganzen etwa 40 Familien.
Auch in *Eckkirch* wohnen etwa 6 Patoisfamilien, die aus
französischer Gegend eingewandert sind. In den auf dem
rechten Ufer der Leber liegenden Weilern und Gehöften ist

alles deutsch, so dass die meisten sogar kein Französisch verstehen. Nach Eckkirch hat vor 2 bis 3 Menschenaltern eine Einwanderung von Schweizern stattgefunden. Für noch fernere Einwanderungen spricht der Umstand, dass in Markirch und Umgebung allein eine konfessionell gemischte Bevölkerung sich vorfindet. Eine konfessionell gemischte Bevölkerung hat, z. B., auch der Weiler *Zillhart* (St.-Pierre-sur-l'Hâtte). In der dortigen sehr alten Kirche befinden sich mehrere Grabinschriften in deutscher Sprache, darunter eine aus dem Jahre 1563. Leider sind diese Grabsteine durch den darauf stehenden Altar der Protestanten verdeckt.

Altweier (frz. Aubure).

Man unterscheidet das «welsche» Dorf und das «ditsche» Dorf. Das welsche Dorf (198 Einwohner = $2/3$) spricht patois und französisch und ist katholisch; es bildet den eigentlichen Kern, den zusammenhängenden Teil des Dorfes. Die deutsch sprechende Bevölkerung (95 Einwohner = $1/3$) ist protestantisch und wohnt meist auf zerstreuten, gegen Markirch liegenden Gehöften. Auch diese Protestanten werden eingewandert sein. Früher waren auch Mennoniten in Altweier.

Auf dem katholischen Kirchhofe sind die Inschriften alle französisch, auch die Namen sind mit einer Ausnahme französischen Ursprungs. Auf dem protestantischen Kirchhof sind die Inschriften alle deutsch, auch das Missionskreuz, welches aus dem Jahre 1862 ist.

b. Das Béchine- und Weissthal.

Urbach (frz. Fréland)

mit Weilern und Gehöften spricht vollständig patois. Besonders in den kleinen Weilern findet man sehr oft Leute, welche gar kein Französisch verstehen; es sind dies vorzugsweise Frauen, welche niemals ihre Geburtsstätte verlassen haben.

Schnierlach (frz. La Poutroie)

mit Weilern und Gehöften redet ebenfalls patois. Nur in Schnierlach selbst, wo, ebenso wie in *Hachimette*, sehr viel französisch gesprochen wird, sind schon seit wenigstens 20 Jahren einige deutsch sprechende Familien, besonders aus Kaysersberg und Umgegend, eingewandert; es sind meist Gewerbtreibende (Wirte, etc.). In einigen Familien stammt der Mann oder die Frau aus einem deutsch sprechenden Orte.

Diedolshausen.

Der französische Name Le Bonhomme ist eigentlich der Name des Berges und erscheint als Name der Ortschaft erst im letzten Viertel des 18. Jahrhunderts. Diedolshausen mit Weilern und Gehöften spricht ebenfalls patois. Im Orte selbst wird sehr viel französisch gesprochen. Derselbe macht den Eindruck eines wohlhabenden Städtchens.

Zell (frz. La Baroche),

welches nur aus Weilern und Gehöften besteht, redet vollständig patois.

Urbeis (frz. Orbey)

mit Weilern und Gehöften spricht patois. Auch hier sind wenige deutsch sprechende Familien besonders als Gewerbtreibende (Wirte) aus Kaysersberg und Umgegend eingewandert. Da in einzelnen Weilern, z. B. in *Hautes-Huttes* (190 Einwohner) Heiraten nur zwischen Ortsansässigen selbst stattfinden, so ist begreiflich, dass die Zahl der Idioten und Krüppel nicht gering ist.

Auf den Kirchhöfen dieser französisch sprechenden Ortschaften sind die Aufschriften alle französisch. Man findet aber doch einige rein deutsche Namen. Die Kreuze an den Wegen haben alle französische Aufschriften; darunter ist eines aus dem Jahre 1698.

Das in diesen Thälern gesprochene Patois enthält einige elsässische Wörter; sie beziehen sich auf eine verfeinerte Lebensweise, so: vasœr̓stëyn = évier, kǫkęlhǫf = Kugelhopf, bǫtœrvęk = pain au lait, bārędrak = jus de réglisse; ferner hax' = sorcière (aber auch žęnaš'), grablëⁱ = châtouiller (aber auch kwatli).

Kaysersberg

mit *Alspach*, *Ammerschweier*, *Katzenthal*, *Niedermorschweier* sind vollständig deutsch.

2. KREIS COLMAR.

Das Münsterthal.

Das Münsterthal, welches durch das Thal der Fecht und den Kleinthalbach gebildet ist und sich bis Türkheim ausdehnt, ist vollständig deutsch. Die Sprachgrenze fällt also hier mit der politischen Grenze zusammen.

In den südlich von Münster gelegenen, zur Gemeinde Eschbach gehörigen Häusergruppen *Erschlitt* mit 45 und *Solberg* mit 31 Einwohnern soll die Bevölkerung ursprünglich patois gesprochen haben und aus einem französisch sprechenden Teile der Vogesen eingewandert sein. Heute ist von dieser Einwanderung kaum noch eine Spur zu merken. Diese Leute, welche Eigentümer sind, antworten in deutscher Sprache, wenn man sie französisch anredet. Im Hause selbst wird deutsch gesprochen. Ganz alte Leute konnten in Erschlitt früher patois, in Solberg können es noch einige Greise. Aber die Kinder sprechen nur deutsch.

Die Bauart ist in dem ganzen Thale zumeist die allemannische. Wir finden Wohnung über der Stallung sowohl in den auf der rechten Fechtseite liegenden Ortschaften als in den auf der linken Seite liegenden, an das Französische angrenzenden

Stossweier und *Sulzern*. Die Treppe führt von aussen in das obere Stockwerk.

Dass besonders in den grösseren Orten und da, wo Fabriken sich befinden (z. B. Mülhausen, Gebweiler), die Leute sich viele Mühe geben französisch zu sprechen, ja sehr oft kein deutsch zu können vorgeben, ist allgemein bekannt, nicht nur für diesen Teil des Elsasses, sondern so ziemlich für das ganze industrielle Elsass überhaupt. Aber das so entstandene Französisch kann ein gewisses elsässisches Gepräge nicht abstreifen, und die ursprünglich französisch sprechenden Einwohner des Elsasses, zumal des oberen Breuschthales, empfinden den Unterschied recht deutlich. Gewiss erklärt sich diese Erscheinung geschichtlich zum Teil aus dem Umstand, dass das Bedürfnis einer feineren und gesitteteren Gesellschaftssprache sich bei dem lebhaften Verkehr solcher Kreise besonders geltend gemacht hat; da aber der Dialekt in diesen oberallemannischen Gegenden von der deutschen Einheitssprache noch nicht verdrängt worden war, so übernahm die Rolle des Hochdeutschen im übrigen Deutschland eben das Französische.

Rein deutsch sind folgende an die französisch sprechenden Zell und Urbeis angrenzende Ortschaften: *Türkheim, Zimmerbach, Walbach, Weier im Thal, Günsbach, Hohrod, Sulzern* mit Weilern und Gehöften. Ferner sind folgende äusserste Punkte des Münsterthales deutsch: *Stossweier, Mühlbach* und *Metzeral* mit ihren westlichsten Weilern und Gehöften.

3. KREIS THANN.

a. St. Amarin- oder Thurthal.

Das St. Amarinthal ist ganz und gar deutsch. Auch hier bildet also die politische Grenze zugleich die Sprachgrenze.

Hüsseren-Wesserling, welches als überwiegend deutsch mit französischer Mischung bezeichnet wird, ist vollständig deutsch. Schulunterricht, Predigt und Kinderlehre in der katholischen Kirche sind deutsch. Eine zweite Kirche für die Fabrikbesitzer, welche aus der Schweiz eingewandert sind, ist protestantisch. Auf dem Kirchhofe befindet sich zwar nur eine Aufschrift in deutscher Sprache, aber alle Namen sind deutsch; manchmal sind auf diesen französischen Inschriften grobe orthographische Fehler.

Hüsseren-Wesserling gehörte früher mit Storkensauen und Urbis zur Pfarrei Mollau.

Die längs der Grenze liegenden äussersten Punkte sind: *Wildenstein, Krüth, Odern, Felleringen, Urbis, Storkensauen, Mollau.*

b. Das Dollerthal.

Das Dollerthal ist deutsch, so dass also wiederum die politische Grenze mit der Sprachgrenze zusammenfällt. Auch die vier als vorwiegend deutsch mit französischer Mischung bezeichneten Ortschaften *Oberbruck, Masmünster, Sentheim* und *Morzweiler* sind vollständig deutsch.

In *Masmünster* sind die Kirchhofaufschriften wenigstens zur Hälfte deutsch, aber die Namen sind alle rein deutsch. Schule, Predigt, Gebet und Kinderlehre sind deutsch, ebenso in Oberbruck, Morzweiler und Sentheim. In Masmünster ist jeden Monat eine französische Predigt.

In *Aue* sind nur einige Häuser mit Wohnung über dem Stalle; sonst finden wir überall die oben (Seite 8 ff.) beschriebene Bauart.

Die im Dollerthale liegenden Ortschaften sind: *Rimbach* mit dem Weiler *Ermensbach, Sewen, Dollern, Oberbruck, Wegscheid, Kirchberg, Niederbruck, Sickert, Masmünster, Aue, Sentheim, Morzweiler, Ober-* und *Nieder-Sulzbach.*

4. KREIS ALTKIRCH.

Diefmatten,

Sternenberg, Gevenatten, Ober- und *Nieder-Traubach* sind deutsch. Auch *Brückensweiler*, welches bei Nabert ausserhalb des deutsch sprechenden Gebietes liegt, und bei Kiepert als überwiegend deutsch bezeichnet wird, ist vollständig deutsch. Die Leute verstehen oft kaum französisch. Die Kreuze an den Strassen und Wegen haben eine deutsche Aufschrift.

Bretten.

In etwa 10 Familien, abgesehen von den Beamten, wird im Hause deutsch gesprochen. Im übrigen kann ungefähr ein jeder etwas deutsch infolge des Verkehrs mit Sternenberg, das zur Pfarrei Bretten gehört. Ausserdem ist die Predigt schon seit über 20 Jahren abwechselnd französisch und deutsch; die französische Predigt ist für Bretten, die deutsche für Sternenberg. Die Kirchhofaufschriften sind französisch bis auf zwei, deren eine von einer Beamtenfamilie herrührt, die andere eine in Gevenatten geborene und in Sternenberg gestorbene Person betrifft. Hier ebenfalls kehren dieselben meist französischen Namen immer wieder; einige sind auch deutschen Ursprungs.

Welschensteinbach (frz. Eteimbes)

redet patois. Zwei aus dem deutschen Teile des Elsasses eingewanderte Männer sind hier verheiratet, diese sprechen mit ihren Kindern deutsch; ausserdem fand ich noch eine alte Frau, welche kein Wort französisch konnte. Die Kirchhofaufschriften sind alle französisch.

Baronsweiler und St. Kosman

sprechen patois. In St. Kosman wohnen zwei aus Brückensweiler eingewanderte Familien. Auf den Kirchhofinschriften beider Orte kehren immer dieselben französischen Namen wieder. In St. Kosman, z. B., liest man fast nur den Namen Guittard. Die Leute verheiraten sich nur mit Verwandten, damit das Vermögen in der Familie bleibe. In der Kirche zu St. Kosman sind 4 Grabsteine in lateinischer Sprache, von denen der älteste aus dem Jahre 1687 datiert.

Schaffnat am Weiher (Tśavǫn' tśǝ l'etē).

Der Ort spricht patois. Ausser 7 Beamtenfamilien sind einige deutsch-elsässische Frauen hier verheiratet.

Altmünsterol (Vēy-Mętrǭę),

ursprünglich patois und französisch, ist durch die vielen Beamten sprachlich gemischt geworden.

Jungmünsterol (Dźǝn'-Mętrǭę),

Menglatt (Męñi), *Willern* (Romęñi), *Luttern* (L'trā), *Gottesthal* (in den Patoisortschaften Vādē, in den deutschen Grūne) reden patois. Ausser den Beamtenfamilien sind in jede dieser Ortschaften einige wenige deutsch sprechende Familien eingewandert. In *Gottesthal* sind etwa 5 deutsche Familien. In *Luttern*, welches bei Kiepert als überwiegend deutsch bezeichnet ist, befinden sich auf den durchgängig französischen Kirchhofinschriften keine deutschen Namen. Die Leute können hier überall mehr oder weniger deutsch durch den Verkehr mit den deutsch redenden Ortschaften; sie gehen, z. B., wöchentlich auf den Markt nach Dammerkirch. Diese französischen Orte kennen meist die deutsch sprechenden, während ich umgekehrt in den deutsch redenden Orten Leute fand, denen die französischen sogar dem Namen nach unbekannt waren, weil sie, wie sie sagten, bei den « Welschen » selten oder gar nicht verkehrten.

Ellbach, Dammerkirch,

Retzweiler (in den Patoisortschaften Rętivęlę [1]), *Mansbach* mit

---

[1] Vgl. bei Stoffel Ratierviller 1251, Ratieviller 1413.

St. Liggert, Altenach, St. Ulrich, Merzen, Strüth, Hindlingen, Friesen, Ueberstrass, Niedersept, Obersept, Moos, Pfetterhausen sind vollständig deutsch. Diese Orte sind von den französisch sprechenden getrennt durch grosse Wälder mit Weihern. Die Sprachgrenze fällt auf dieser Strecke mit der politischen zusammen.

Ottendorf (Kǫtsavṹ)

spricht patois. Etwa 8 Familien sind eingewandert und sprechen deutsch. Viele Leute können etwas deutsch durch den Verkehr mit den angrenzenden deutsch sprechenden Ortschaften. Die Kirchhofaufschriften sind alle französisch. Die meisten Namen sind französischen, einige wenige deutschen Ursprungs.

Luffendorf (L'vŏkǫ)

spricht patois. Etwa 8 Familien, in denen deutsch gesprochen wird, sind eingewandert. Auch hier können die meisten Leute etwas deutsch infolge des Verkehrs mit den deutsch sprechenden Ortschaften. Die Kirchhofaufschriften sind alle französisch. Auch die Namen sind meist französischen, wenige deutschen Ursprungs. Die Kinder sprechen nur patois und französisch, wenn sie in die Schule kommen.

Lützel

mit den dazu gehörigen Weilern und Gehöften ist vollständig deutsch. Die Leute gehen nach dem ganz deutschen *Winkel* in die Kirche. Auf dem Kirchhofe zu Lützel sind die Aufschriften nur zur Hälfte deutsch; aber die Namen sind alle deutschen Ursprungs. Am Eingange des Weilers *Glashütte*, aus etwa 5 Häusern bestehend, steht ein Kreuz mit deutscher Inschrift aus dem Jahre 1879.

Dass Lützel als überwiegend französisch bezeichnet werden konnte, rührt daher, dass die Arbeiter des jetzt eingestellten

Eisenwerkes meist aus französisch sprechenden Ortschaften der Schweiz waren.

Auf den Gehöften *Gross-Kohlberg, Klein-Scholis, St. Peter* wohnen Mennoniten. Ebenso in den zur Gemeinde *Oberlarg* gehörenden Gehöften *Ebourbette, Glashütte, Vacherie,* in dem zur Gemeinde *Lutter* gehörenden Gehöfte *Blochmont,* in dem zur Gemeinde *Biederthal* gehörenden Gehöfte *Leuhausen,* in dem zur Gemeinde *Riesbach* gehörenden Gehöfte *Baumerthof;* endlich wohnen noch 2 Familien in *Pfirt.*

Im übrigen sind alle zum Kanton Pfirt gehörenden Ortschaften vollständig deutsch. Ich führe nur diejenigen auf, welche bis jetzt als vorwiegend deutsch bezeichnet wurden: *Alt-Pfirt, Bendorf, Bettlach, Buchsweiler, Dürlingsdorf, Dürmenach, Fislis, Kiffis, Köstlach, Liebsdorf, Linsdorf, Luxdorf, Lutter, Mittelmüspach, Mörnach, Moos, Niedermüspach, Oberlarg, Obermüspach, Ottingen, Pfirt, Raedersdorf, Roppenzweiler, Sondersdorf, Werenzhausen, Winkel, Wolschweiler.*

Aber auch in einer Reihe von Ortschaften des Arrondissement de Belfort, vorzüglich in Belfort und Rougemont, treffen wir deutsch sprechende Familien an. Die Gründe sind teils administrativer, teils socialer Natur. Bis zum Jahre 1870 gehörte dieses Arrondissement zum Ober-Elsass. Zweitens aber ist in diesen dem Verkekr mit dem südlichen Teile des Ober-Elsasses leicht zugänglichen Gegenden in neuerer und neuester Zeit die Fabrikbevölkerung mannigfach hin und her gewandert.

Nach diesen Erhebungen ergeben sich folgende Ortschaften als gemischt.

Vorwiegend deutsch sind:

Im Unter-Elsass, Kreis Molsheim: Lützelhausen;

im Ober-Elsass, Kreis Rappoltsweiler: Markirch, St. Kreuz im Leberthal.

Vorwiegend französisch sind:

Im Unter-Elsass, Kreis Schlettstadt: Breitenau;

im Ober-Elsass, Kreis Rappoltsweiler: Altweier, Deutsch-Rumbach, Leberau; Kreis Altkirch: Altmünsterol, Bretten.

Die Sprachgrenze wird sich zwischen zwei Linien bewegen, einer deutschen und einer französischen. Die deutsche Linie geht:

In Unter-Elsass: Vom Donon ostwärts durch Lützelhausen nach Mühlbach, Schwartzbach, Grendelbruch, Natzweiler mit Stroutthof, Hohwald, Breitenbach, Meisengott, Wagenbach, Bassenberg, durch Breitenau über den Bann von Neukirch nach Hirtzelbach, Diefenbach, Gereuth, Wanzel;

In Ober-Elsass: Durch Deutsch-Rumbach und Leberau nach St. Kreuz, Markirch mit Eckkirch, Klein-Leberau und Rauenthal, durch Altweier über Rappoltsweiler Bann auf Reichenweier Bann nach Bildsteinthal (Neudörfel) und Ursprung, Alspach, Kaysersberg, Ammerschweier, Katzenthal, Niedermorschweier, Türkheim, Zimmerbach, Walbach, Weier im Thal, Günsbach, Hohrod, Sulzern, Stossweier, Mühlbach, Metzeral, Mittlach, Wildenstein, Krüth, Odern, Felleringen, Urbis, Storkensauen, Mollau, Rimbach, Ermensbach, Sewen, Dollern, Kirchberg, Niederbruck, Masmünster, Aue, Morzweiler, Ober-Sulzbach, Nieder-Sulzbach, Diefmatten, durch Bretten nach Sternenberg, Gevenatten, Ober-Traubach, Brückensweiler, Ellbach, Retzweiler, Mansbach, Altenach, St. Ulrich, Strüth, Hindlingen, Friesen, Ueberstrass, Niedersept, Pfetterhausen, über den Bann von Moos nach Liebsdorf, Oberlarg, Lützel.

Die französische Linie geht:

In Unter-Elsass: Vom Donon ostwärts durch Lützelhausen nach Netzenbach, Wisch, Hersbach, Russ, Steinbach, Barenbach, Schirmeck, Vorbruck, Rothau, Neuweiler mit Riangoutte und Haute-Goutte, Belmont mit Hutte und Bambois, Bellefosse, Fonrupt, Ranrupt, Steige, Charbes, Laach, Fouchy, durch Breitenau nach Sèchegoutte, Froide-Fontaine;

In Ober-Elsass: Durch Deutsch-Rumbach und Leberau nach Müsloch, Gross-Rumbach, Klein-Rumbach zur französischen Grenze, an dieser entlang nach Diedolshausen, durch Altweier nach Urbach, Hachimette, über den Schnierlacher Bann nach Zell, Urbeis, zur französischen Grenze südlich vom Schwarzen See; an der Grenze entlang bis Welschensteinbach, durch Bretten nach Baronsweiler, St. Kosman, von da, der französischen Grenze nach, bis Schaffnat am Weiher, Gottesthal, Luttern, Willern, Menglatt, von da an der französischen und schweizerischen Grenze nach Ottendorf, Luffendorf, Charmoilles (Schweiz). — Siehe hierzu die schematische Darstellung der Sprachgrenze.

Vergleichen wir nun diese Sprachgrenze mit der Nabert'schen, so unterscheidet sie sich von ihr in einigen wesentlichen Punkten. Zunächst gilt, wie für Lothringen, auch hier, dass Nabert Sprünge, und zwar im Süden macht, so dass man den Lauf der Sprachgrenze nicht genau erkennen kann; so nennt er Niederlarg nach Ueberstrass, geht alsdann nach Bisel zurück, u. s. w. [1]

Die Nabert'sche Sprachgrenze unterscheidet sich von der obigen in nachstehenden Punkten:

Von den als deutsch bezeichneten Ortschaften sind:

1) patois-französisch resp. französisch: Im Unter-Elsass,

---

[1] Wenn wir die Goguel'sche Uebersetzung des Nabert'schen Buches ansehen, so konstatieren wir, dass dem Verfasser, welchem man für Lothringen seine Unrichtigkeiten verzeihen darf, in dem das Elsass behandelnden Teile der Sprachgrenze geradezu Unkenntnis seines eigenen Landes vorgeworfen werden muss. War er doch nicht imstande, die Verwirrung im Süden zu entwirren. Zwar hat er, was sein einziges, aber ein zweifelhaftes Verdienst ist, durch Auslassung von Ottendorf, und dadurch dass er Oberlarg statt Larg schrieb, eine kleine Verbesserung gebracht, aber durch die Auslassung von Moos hat er den Riesensprung bis Pfirt noch um etwa 4 Kilometer vergrössert.

Kreis Molsheim: Wisch, Hersbach, Russ mit Steinbach, Barenbach, Schirmeck, Rothau, Wildersbach; Kreis Schlettstadt: Steige; im Ober-Elsass, Kreis Altkirch: Ottendorf, Luffendorf:

2) überwiegend französisch mit deutscher Mischung: Im Unter-Elsass, Kreis Schlettstadt: Breitenau (welches zu der Zeit vielleicht noch deutsch war); im Ober-Elsass, Kreis Altkirch: Bretten.

Ausserhalb der deutschen Linie liegen folgende Ortschaften, die

1) vollständig deutsch sind: Im Ober-Elsass, Kreis Altkirch: Brückensweiler, Niedersept, Obersept, Dirlingsdorf, Liebsdorf, Bendorf.

2) Vorwiegend deutsch mit französischer Mischung sind: Im Ober-Elsass, Kreis Rappoltsweiler: St. Kreuz, Markirch.

Vorwiegend französisch mit deutscher Mischung sind: Im Ober-Elsass, Kreis Rappoltsweiler: Deutsch-Rumbach, Leberau, Altweier.

H. Kiepert hat zur Feststellung der Sprachgrenze in Elsass-Lothringen nicht nur die offiziellen Angaben benutzt, sondern auch, wie früher bemerkt, selbst das Land durchwandert. Es lohnt sich deshalb ein Vergleich mit seiner Arbeit um so mehr, als er in einigen Punkten von den offiziellen Ermittelungen abweicht.

Folgende Ortschaften werden bezeichnet als:

1) Ueberwiegend französisch und sind:

  a) vollständig deutsch: Kreis Altkirch: Lützel;

  b) überwiegend deutsch: Kreis Molsheim: Lützelhausen, aber so dass beide Idiome fast zu gleichen Teilen vertreten sind; Kreis Rappoltsweiler: St. Kreuz, Markirch;

  c) vollständig französisch: Kreis Molsheim: Russ, wo Kiepert wahrscheinlich den zur Gemeinde Russ gehörenden, vollständig deutschen Ort Schwartzbach mitgerechnet hat;

2) Deutsch und französisch zu fast gleichen Teilen und ist vollständig deutsch: Kreis Molsheim: Natzweiler;

3) Ueberwiegend deutsch und sind:
    a) vollständig deutsch: Kreis Molsheim: Urmatt; Kreis Altkirch: Brückensweiler, Oberlarg;
    b) vollständig französisch: Kreis Altkirch: Luttern;

4) Vollständig französisch und sind überwiegend französisch: Kreis Schlettstadt: Breitenau.

Wenn man endlich obige Beobachtungen mit den 1872 durch die Behörden veranstalteten Ermittelungen[1] vergleicht, so sind die Abweichungen nicht erheblich. In denselben drücken sich, wie auch in Lothringen, zum Teil die Ergebnisse von Wanderbewegungen jüngeren Datums aus. Die Unterschiede sind folgende:

1) Von den als vollständig französisch bezeichneten Ortschaften sind vorwiegend französisch mit deutscher Mischung:
    Im Unter-Elsass, Kreis Schlettstadt, Kanton Weiler: Breitenau;
    Im Ober-Elsass, Kreis Rappoltsweiler, Kanton Markirch: Deutsch-Rumbach.

2) Von den als überwiegend französisch mit deutscher Mischung bezeichneten Ortschaften ist vollständig deutsch:
    Im Ober-Elsass, Kreis Altkirch, Kanton Pfirt: Lützel.

3) Von den als überwiegend deutsch mit französischer Mischung bezeichneten Ortschaften sind vollständig deutsch:
    Im Unter-Elsass, Kreis Molsheim, Kanton Schirmeck: Natzweiler;

---

[1] Vgl. Statistisches Handbuch für Elsass-Lothringen. Erster Jahrgang. 1885, p. 17 ff.

Im Ober-Elsass, Kreis Altkirch, Kanton Pfirt: Alt-Pfirt, Bendorf, Bettlach, Buchsweiler, Dürlingsdorf, Dürmenach, Fislis, Kiffis, Köstlach, Liebsdorf, Linsdorf, Lüxdorf, Lutter, Mittelmüspach, Mörnach, Moos, Niedermüspach, Oberlarg, Obermüspach, Oltingen, Pfirt, Rädersdorf, Roppenzweiler, Sondersdorf, Werenzhausen, Winkel, Wolschweiler;

Kreis Thann, Kanton St. Amarin: Hüsseren-Wesserling; Kanton Masmünster: Masmünster, Morzweiler, Oberbruck, Sentheim.

Von einem Exkurse über den deutschen und französischen Dialekt, welcher in den einzelnen Ortschaften gesprochen wird, sehe ich ab. Eine Einteilung des Deutschen in Gruppen konnte ich um so eher beiseite lassen, als, ganz im Gegensatze zu dem unerforschten Lothringen, das Elsass in Sprache, Sitten und Gebräuchen allgemeiner bekannt ist. Für heute gesprochene Mundarten verweise ich auf die Arbeiten von W. Mankel, Die Mundart des Münsterthales [1] und H. Lienhart, Die Mundart des mittleren Zornthales. [2]

Auf der anderen Seite ist vor kurzem eine lehrreiche Arbeit von A. Horning, «Die ostfranzösischen Dialekte zwischen Metz und Belfort, mit einer Karte» [3] erschienen, in welcher die Patois von Metz bis Belfort einer sorgfältigen Untersuchung unterworfen sind.

Auf Grund einer Anzahl von charakteristischen, diese Patois unterscheidenden Merkmalen hat der Verfasser für unser Gebiet vier verschiedene Gruppen aufgestellt, von denen drei dem

---

[1] Strassburger Studien. II. Band.
[2] Jahrbuch für Geschichte, Sprache und Litteratur Elsass-Lothringens II, 112 ff, III, 23 ff.
[3] Französische Studien. V, 4.

lothringischen, eine dem burgundischen Dialekte angehören. Meine nachträglichen Forschungen haben zu gleichen Ergebnissen geführt. Die erste dieser Gruppen erstreckt sich bis Rothau, die zweite von Rothau bis Deutsch-Rumbach, die dritte von Altweier bis Urbeis (Orbey), die vierte endlich von Welschensteinbach bis Menglatt. Für die Merkmale, welche die einzelnen Gruppen charakterisieren, darf ich auf Horning verweisen.

Anhang.

Übersicht der Sprachgrenze.

Die Mittellinie bedeutet die Grenzscheide zwischen den Sprachgebieten. Rechts stehen die deutsch sprechenden, links die französisch sprechenden, in der Mitte, den geraden Lauf der Linie unterbrechend, die gemischten Ortschaften, und zwar deutet die offene Seite der gebrochenen Linie auf die überwiegende Sprache. Wo die Linie einen Ortsnamen ganz umschliesst, ist eine gemischte Ortschaft gemeint, in welcher Deutsch und Patois resp. Französisch zu fast gleichen Teilen vertreten sind.

Rechts und links von der Übersicht der Sprachgrenze stehen je zwei Rubriken, von welchen die eine die Territorien angiebt, denen diese Orte zugehörten, bevor sie an Frankreich kamen, die andere das Jahr, in welchem sie mit Frankreich vereinigt wurden. Die beiden links von der Übersicht der Sprachgrenze stehenden Rubriken enthalten diese historischen Angaben für die französisch sprechenden, die beiden rechts stehenden Rubriken für die deutsch sprechenden Ortschaften.[1]

---

[1] Für diese historischen Angaben sind benutzt worden « Statistisches Handbuch für Elsass-Lothringen », p. 7 ff, und die historische Karte von Prof. Dr. Kirchner, « Elsass im Jahre 1789 ».